# 영어
## 과학논문
### 작성
### 길잡이

이 도서의 국립중앙도서관 출판예정도서목록(CIP)은 서지정보유통지원시스템 홈페이지(http://seoji.nl.go.kr)와
국가자료종합목록 구축시스템(http://kolis-net.nl.go.kr)에서 이용하실 수 있습니다. (CIP제어번호 : CIP2019051460)

# 영어
# 과학논문
# 작성
# 길잡이

안수진·이향순 지음

*A Guide to Writing*
*Science Papers in English*

한울
아카데미

# 차례

●

## ■ 부록 ■

# 머리말

●

    한국의 과학과 기술 분야의 연구는 이제 국제적인 수준에 이르렀으며 분야에 따라서는 세계학계를 선도하는 위치에 있기도 하다. 국내 연구자들은 해외의 연구 동향과 업적을 재빨리 파악하고 자신의 연구 결과 또한 신속·정확하게 발표해야 할 필요성을 절감할 것이다. 이런 상황에서 영어로 논문을 작성하는 데 들어가는 노력과 시간은 이미 치열한 경쟁의 일부가 되었다고 해도 과언이 아니다.

    『영어 과학논문 작성 길잡이』는 영어로 논문을 써야 하는 과학도들에게 복잡하지 않으면서도 효과적인 안내서를 제공하려는 목적으로 저술되었다. 책의 내용과 형식은 다음과 같은 사항을 가이드라인으로 삼았다. 첫째, 이 책의 주된 독자층은 국내에서 영어를 외국어로 습득한 이공계열 학부생 및 대학원생으로 상정했다. 이들 외에도 과학 및 기술 분야에 특별한 관심을 가진 고등학생이나 연구소의 기존 연구자들 가운데 영어 논문 작성법을 익히고자 하는 이들 또한 예상 독자에 포함시켰다. 둘째, 책의 난이도와 설명방식은 이들 독자층의 일반적인 배경지식에 맞추고 내용 설명 역시 이들에게 낯익은 용어를 사용하고자 했다. 셋째, 장황한 문법 설명보다 구체적인 예문을 통해 요점이 전달되도록 구성했다. 그리고 논문의 저자가 한국어로 사고한 내용을 영어로 옮기는 과정에서 범하기 쉬운 오류에 초점을 맞추었다. 오류를 설명할 때, 한국어로 사고하고 영작하는 입장에서 이해하기 쉽도록 영어 원문과 한국어 번역을 함께 제시했다. 이때 두 문장의 상응 부분이 잘 드러나도록 매끈한 의역보다 문면의 뜻을 살리는 직역을 택한 곳이 더러 있다. 넷째, 길고 복잡한 설명보다 일목요연하게 볼 수 있는 목록 형태로 단어와 구문을 배열했다. 또한 목록에 한국어 번역을 병기함으로써 급할 때는 한국어 번역을 보고 해당 영어 구문을 찾을 수 있도록 정리했다. 다섯째, 이 책의 주안점은 아니지만 한국인이 영작을 할 때 긴요한 항목을 따로 정리하여 부록으로 실었다.

이 책에 실린 예문은 주로 이공계열 학술지에 게재된 논문이나 과학 관련 잡지 기사에서 발췌했고 출처는 예문 아래에 밝혀놓았다. 또한 한국인이 영작 과정에서 공통으로 경험하는 요소를 설명하기 위해 실제로 국내에서 작성된 논문들로부터 예문을 추출했다. 이 책의 취지를 이해하시고 공학 및 의학 관련 연습용 예문을 제공해주신 분들은 2017년 1학기 서울대학교 강의를 수강한 공과대 대학원생들, 중앙대학교 식품공학부 김선기 교수님, 오아로피부과 권혁훈 원장님이다. 모든 예문의 감수와 교정은 조지아대학교 유전공학과 졸업생과 현재 대학원에 재학 중인 존 브렌슨 바이어스John Branson Byers 군과 애슐리 레이시스Ashley Rasys양이 맡아서 수고해주었다. 이 모든 분의 이해와 협조는 이 책을 완성하는 데 큰 도움이 되었다.

이 책의 내용과 구성에 대해 많은 조언을 주신 카이스트 조애리 교수님과 이 책의 출간을 결정해주신 카이스트 어학센터장 김영희 교수님께 감사드린다. 이 책이 나오기까지 편집을 맡아 수고해주신 한울엠플러스의 임직원 여러분께도 인사를 전하고 싶다. 마지막으로, 집필 기간 동안 응원과 격려를 아끼지 않은 가족 모두에게 진심으로 고마운 마음을 전한다.

2019년 가을

안수진·이향순

제**1**장

# 문장
## SENTENCE

*A Guide to Writing*
*Science Papers in English*

학술논문의 문장이 갖춰야 할 요건은 내적으로는 문법의 정확성과 문체의 적합성을, 외적으로는 문장 간의 논리적 연결성을 들 수 있다.

## 1.1. 문법의 정확성

문법에 맞는 문장을 구사하는 것은 영작문의 가장 기본적인 사항이면서 동시에 필자의 논지를 정확하게 전달하고 논문에 담긴 내용의 신뢰성도 담보하는 길이다. 문법의 정확성은 문장의 모든 측면에서 요구되지만, 우선해서 주의를 기울여야 할 사항으로서 적절한 시제의 선택, 주어와 동사의 일치, 병렬구조와 비교 구문의 적절한 사용을 들 수 있다.

### 1.1.1. 적절한 시제

일반적으로 영어의 시제는 과거, 현재, 미래 및 진행형과 완료형으로 나뉜다. 과학논문에서 문장의 시제를 결정할 때에는 보통 서술하려는 사건이나 상황의 발생 시점뿐만 아니라 그 사건과 상황의 지속 여부도 고려한다. 또한 연구 결과의 타당성과 보편성을 학계에서 얼마나 오랫동안 수용했는지, 연구 결과의 정확성과 타당성에 대한 반박이 이루어졌는지 등도 시제를 결정하는 데 영향을 미친다. 과학논문에서 주로 사용되는 시제는 과거형과 현재형, 현재완료형이다.

## 1.1.1.1. 과거시제

연구논문에서 실험 방법과 실험 과정 및 실험 결과를 서술할 때에는 과거시제를 쓴다.

**실험 방법 및 과정**

| | | |
|---|---|---|
| analyzed | was/were analyzed | » 분석했다 |
| cross-examined | was/were cross-examined | » 교차 검증했다 |
| double-checked | was/were double-checked | » 중복 검사했다 |
| evaluated | was/were evaluated | » 평가했다 |
| examined | was/were examined | » 조사했다 |
| investigated | was/were investigated | » 조사했다 |
| observed | was/were observed | » 관찰했다 |
| prepared | was/were prepared | » 준비했다 |
| re-examined | was/were re-examined | » 재검했다 |
| triangulated | was/were triangulated | » 검증했다 |

**실험 결과**

| | | |
|---|---|---|
| affected | was/were affected | » 영향을 주었다 |
| demonstrated | was/were demonstrated | » 보여주었다 |
| found | was/were found | » 발견했다 |
| influenced | was/were influenced | » 영향을 미쳤다 |
| obtained | was/were obtained | » 구했다 |
| proved | was/were proven | » 증명했다 |
| showed | was/were shown | » 보여주었다 |
| was/were consistent with | | » 일치했다 |
| was/were contradictory with | | » 모순됐다 |

▸ The effect of the pH **was investigated** using litmus paper.
   » 리트머스종이를 사용해 페하의 효과를 조사했다.

▸ Our test results **were consistent with** the conclusion of Cho's (2015) study.
   » 우리의 실험 결과는 조 교수가 2015년에 행한 연구의 결론과 일치했다.

## 1.1.1.2. 현재시제

논문의 도입부에서 연구의 필요성이나 범위를 서술할 때에는 주로 현재시제를 쓴다. 기존 연구나 일반적인 사실에 대해 소개할 때와 논문의 결론에서도 현재시제를 쓸 수 있다. 현재시제로 된 유용한 구문들은 다음과 같다.

| | |
|---|---|
| The focus of this article is … | » 본 논문의 초점은 …이다 |
| The main claim of this paper is … | » 본 논문의 주장은 …이다 |
| The scope of this test is … | » 이 실험의 범위는 …이다 |
| This paper reports … | » 본 논문은 …를 보고한다 |
| This paper aims to … | » 본 논문은 …를 목적으로 한다 |
| This experiment is critical for two reasons. | » 이 실험은 두 가지 이유 때문에 중요하다 |
| The main problem is that … | » 주된 문제는 …이다 |
| The key component of this experiment is … | » 이 실험의 핵심요소는 …이다 |
| This approach can be applied to … | » 이 접근법은 …에 적용될 수 있다 |
| This methodology can be used to measure … | » 이 방법론은 …를 측정하는 데 사용될 수 있다 |
| This method is not useful when … | » 이 방법은 …때에는 유용하지 않다 |
| It is generally accepted that … | » 일반적으로 …라고 알려져 있다 |
| It is widely accepted that … | » …라고 널리 받아들여진다 |
| These results provide evidence for … | » 이 결과는 …에 대한 증거를 제공한다 |

### 1.1.1.3. 현재완료시제

과거에 이루어진 연구의 결과가 현재까지도 지속해서 영향을 미치고 있을 때에는 현재완료시제를 사용한다. 과거시제는 어떤 사건이 발생한 과거의 한 시점을 가리키는 반면, 현재완료시제는 과거에 발생한 사건이 아직도 진행 중인 경우나 그 사건의 여파가 현재에도 지속 중인 상태를 가리킨다. 과거에서 현재까지 계속 진행 중인 사건이나 상황을 서술할 때, 시작점은 'since'가 들어가는 구문으로 표현한다.

| | |
|---|---|
| Recent research has focused on … | » 최근의 연구는 …에 초점을 맞추어 왔다 |
| Much research has focused on … | » 많은 연구가 …에 초점을 맞추어 왔다 |
| This methodology has been widely applied. | » 이 방법론은 널리 적용되어 왔다 |
| This methodology has been established as the most efficient approach. | » 이 방법론은 가장 효율적인 접근법으로 확립되었다 |
| There have been many studies on this problem. | » 이 문제에 대해 많은 선행 연구가 있다 |
| This problem has been of interest to many researchers for over a decade. | » 이 문제는 십년 넘게 많은 연구자들에게 관심사였다 |
| Many researchers have investigated this problem over the past decade. | » 많은 연구자들이 지난 십년간 이 문제를 탐구해왔다 |
| Scientists have been examining this problem since 2010. | » 과학자들은 2010년부터 이 문제를 지속적으로 검토해왔다 |

❖ 예문 ❖

▸ Nano particles **began** to be widely discussed in science in the mid-1980s.
  » 나노 입자는 1980년대 중반부터 널리 논의되기 시작했다.

▸ The discovery of nano particles **has influenced** a wide range of areas in science and technology.
  » 나노 입자의 발견은 과학과 기술의 제반 분야에 영향을 미쳤다.

※ 설명_ 첫 번째 문장은 나노 입자에 대한 논의가 시작된 시점을 가리키므로 과거시제를 썼다. 두 번째 문장은 과거에 이루어진 나노 입자의 발견이 지금까지도 영향을 미치고 있기 때문에 현재완료시제를 썼다.

## 1.1.2. 주어와 동사의 일치

한국어 문장과는 달리 영어 문장에는 주어가 반드시 있어야 한다. 영어에서는 주어가 단수인지 복수인지, 또한 1인칭인지, 2인칭인지, 3인칭인지에 따라 동사의 형태가 바뀐다. 따라서 주어에 맞는 동사를 쓰는 것이 매우 중요하며 이를 주어와 동사의 일치라고 부른다.

### 1.1.2.1. 주어의 수가 헷갈리는 경우

실험 과정 또는 결과를 설명할 때 주어가 단수인지 복수인지 혼란스러운 경우가 있다.

❖ 예문 ❖

▸ A set of ten vials **was** submitted to Professor Yi's lab.
   » 열 개의 약병 한 세트를 이 교수 실험실에 제출했다.

※ 설명_ 위 문장의 주어는 'vials'가 아니라 'A set'이기 때문에 단수형 동사인 'was'를 썼다.

▸ A set of five test tubes and a pair of test tube holders **were** delivered to our lab.
   » 다섯 개의 시험관 한 세트와 시험관 집게 한 쌍이 우리 실험실로 배달되었다.

※ 설명_ 위 문장에서 주어는 'and'로 연결된 두 명사구, 'A set of five test tubes'와 'a pair of test tube holders'로 구성되기 때문에 복수형 동사인 'were'를 썼다.

### 1.1.2.2. 주어가 명사의 일부분인 경우

주어가 명사의 일부분이거나 백분율 또는 비율인 경우에는 동사 가까이 위치하는 명사가 단수인지 복수인지에 따라 동사의 형태가 결정된다.

❖ 예문 ❖

▸ Only a small portion of the tissues **were** collected from the damaged mouse brain.
   » 쥐의 손상된 뇌에서 약간의 조직만 채취했다.

※ 설명_ 이 문장의 주어에서 동사와 가까이 있는 명사인 'tissues'가 복수이므로, 'a small portion of the tissues'도 복수로 간주된다. 따라서 동사는 'was'가 아닌 'were'가 쓰였다.

과학논문에서 비율, 부분, 백분율을 나타낼 때 자주 쓰는 표현들은 다음과 같다.

| | |
|---|---|
| a portion of | » …의 일부 |
| a fraction of | » …의 작은 일부 |
| a part of | » …의 부분 |
| a majority of | » …의 다수 |
| a minority of | » …의 소수 |
| a half of | » …의 절반 |
| a quarter of | » …의 4분의 1 |
| a third of | » …의 3분의 1 |
| a total of | » …의 전체, 총 |
| 80 percent of | » …의 80퍼센트 |
| two-thirds of | » …의 3분의 2 |
| three quarters of | » …의 4분의 3 |
| a number of | » 많은 수의 |

❖ 예문 ❖

▸ Two-thirds of the test tube **were** filled with ethanol.
  » 시험관의 3분의 2가 에탄올로 채워졌다.

※ 설명_ 위 문장은 한 개의 시험관의 3분의 2를 에탄올로 채웠다는 뜻인데, 주어가 3분의 1의 두 배인 'Two-thirds'로서 복수형이므로 동사는 'were'를 썼다

▸ During the winter months, the DMZ area is home to **a number of** eagles.
  » 겨울 동안 비무장지대는 많은 독수리들의 보금자리가 된다.

▸ In the recent years, **the number of** eagles spending the winter in the DMZ area has steadily declined.
  » 최근 몇 년간 비무장지대에서 겨울을 나는 독수리들의 숫자가 꾸준히 감소해왔다.

※ 설명_ 위 두 문장에 쓰인 'a number of'와 'the number of'는 혼동하기 쉬운 표현이므로 주의를 필요로 한다. 전자는 '많은 수의'라는 뜻이고 후자는 '…의 개수'라는 뜻이다.

## 1.1.2.3. 불규칙 복수형

영어에서 명사의 복수형은 단수에 's'나 'es'를 붙인다. 그러나 이 규칙에서 벗어난 경우도 있는데 그런 불규칙 복수형 가운데 과학논문에서 자주 쓰는 명사는 다음과 같다.

| 단수 | 복수 | 의미 |
| --- | --- | --- |
| analysis | analyses | 분석 |
| basis | bases | 기반 |
| criterion | criteria | 기준 |
| datum | data | 자료 |
| diagnosis | diagnoses | 진단 |
| erratum | errata | 오자, 정오표 |
| focus | foci | 초점 |
| hypothesis | hypotheses | 가설 |
| index | indices | 지표 |
| medium | media | 매개체 |
| parenthesis | parentheses | 괄호 |
| phenomenon | phenomena | 현상 |
| stimulus | stimuli | 자극 |
| stratum | strata | 단층 |
| thesis | theses | 논지, 논문 |

❖ 예문 ❖

▸ Analyses **were** conducted on the infected cells.
  » 전염된 세포를 분석했다.

▸ An analysis **was** conducted on the infected cells.
  » 전염된 세포를 분석했다.

※ 설명_ 위 두 문장은 한국어로 번역하면 언뜻 다른 점을 파악하기 힘들다. 그러나 영어로는 분석의 횟수가 달랐다는 중요한 사실이 분명히 드러난다. 첫 번째 문장의 주어는 복수이기 때문에 'were'라는 동사형이 쓰였고, 분석이 여러 차례 이루어졌음을 나타낸다. 두 번째 문장의 주어는 단수이기 때문에 단수형 동사인 'was'가 쓰였고 분석의 횟수는 한 번이었음을 나타낸다.

## 1.1.3. 비교 구문

실험의 분석 결과를 설명할 때, 두 개 이상의 현상이나 사건을 비교해서 제시하는 경우가 있다. 이때 비교 구문을 활용하면 논지를 설명하기가 쉽다.

### 1.1.3.1. 비교급 표현

가장 일반적인 비교 구문은 형용사나 부사의 비교급 표현과 'than'을 쓰는 것이다. 비교급 표현은 형용사나 부사에 'er'을 붙여서 만든다. 형용사나 부사가 3음절 이상일 경우 보통 'more'를 써서 비교급을 만든다.

---

❖ 예문 ❖

▸ The birds began to migrate southward in search of a **warmer** place **than** Jeju Island.
   » 그 새들은 제주도보다 더 따뜻한 곳을 찾아 남쪽으로 이동하기 시작했다.

▸ The test lasted **longer than** one hour.
   » 그 실험은 한 시간 이상 지속되었다.

▸ Dismantling a nuclear reactor is **more complicated** than building one.
   » 원자로를 해체하는 것이 건설하는 것보다 더 복잡하다.

※ 설명. 첫 번째와 두 번째 문장에 쓰인 형용사 'warm'과 부사 'long'은 각각 1음절로 된 단어이므로 비교급은 'warmer'와 'longer'가 된다. 그러나 세 번째 문장에 쓰인 형용사, 'complicated'는 3음절이므로 비교급 표현은 'more complicated'가 된다.

---

비교 구문의 일반적인 표현방식에서 벗어난 형용사가 몇 가지 있다. 이런 단어들은 그 자체가 이미 비교의 의미를 담고 있는 표현이므로 'er' 이나 'more'를 붙일 필요가 없고 '…보다'를 가리키는 'than' 대신 'to'를 쓴다. 다음과 같은 형용사는 주의를 필요로 한다.

| | |
|---|---|
| superior | » 우수한 |
| inferior | » 열등한 |
| junior | » 연하의 |
| senior | » 연상의 |
| major | » 중요한, 다수의 |
| minor | » 덜 중요한, 소수의 |

▸ Our test results showed that these materials for solar batteries were **superior to** those mentioned in Watson's (2016) article in terms of durability.

   » 우리의 실험 결과는 이 태양 전지 재료가 왓슨의 2016년 논문에 언급된 것보다 내구성 측면에서 더 우수하다는 사실을 밝혔다.

※ 설명_ 위 문장의 비교급 형용사는 'superior'이므로 'than'이 아니라 'to'를 사용했다.

## 1.1.3.2. 크기와 개수 및 양을 비교하는 표현

논문에서 크기나 개수, 양, 또는 정도를 상대적으로 표현하기 위해 '…만큼'이라는 구문을 사용할 때가 있다. 이런 비교 구문은 형용사나 부사 앞과 뒤에 'as'를 붙여서 만든다. 이런 구문은 논문 내용을 구체적으로 전달하는 데 효과적이다.

| | |
|---|---|
| as … as | » …만큼 |
| as many as | » …만큼 많은 개수의 |
| as much as | » …만큼 많은 양의 |
| not as/so many as | » …만큼이 안 되는 개수의 |
| not as/so much as | » …만큼이 안 되는 양의 |

▸ The newly discovered planet is **as bright as** Venus.

   » 새로 발견된 행성은 금성만큼 밝다.

▸ The test results did not support the theory **as strongly as** we expected.

   » 실험 결과는 우리가 기대했던 것만큼 강하게 그 가설을 뒷받침하지 않았다.

▸ Professor Kim's lab hires **four times as many researchers as** Professor Chang's does.

   » 김 교수 실험실은 장 교수의 실험실보다 네 배 더 많은 연구원을 고용한다.

※ 설명_ 위의 세 번째 문장에서 보듯, 비교 구문 앞에 몇 배인지를 나타내는 'three times' 혹은 'four times' 등을 추가하면 비교의 정도를 좀 더 상세히 표현할 수 있다.

### 1.1.3.3. 대명사의 사용

영어는 한 문장 안에서 동일한 명사나 명사구가 반복될 때에 그 명사나 명사구 대신 대명사를 쓴다.

| | |
|---|---|
| that | » 단수 명사나 명사구가 반복될 때 |
| those | » 복수 명사가 반복될 때 |
| one | » 형용사의 수식을 받는 단수 명사가 반복될 때 |
| ones | » 형용사의 수식을 받는 복수 명사가 반복될 때 |

❖ 예문 ❖

▸ The density of ultrafine dust in Seoul was found to be four times greater than **that** in Busan.
  » 서울의 미세먼지 밀도가 부산보다 네 배 이상 높은 것으로 밝혀졌다.

▸ The experiments conducted in the morning produced more reliable results than **those** performed in the afternoon.
  » 오전에 한 실험이 오후에 한 실험보다 더 신뢰할만한 결과를 낳았다.

▸ The size of a male killer whale is slightly larger than **that** of a female one.
  » 수컷 범고래의 사이즈는 암컷보다 조금 더 크다.

※ 설명_ 첫 번째 문장에 쓰인 'that'은 앞에 나온 명사구 'the density of ultrafine dust'를 가리킨다. 명사구에서 'density'가 단수이므로 'that'을 썼다. 두 번째 문장에서 'those'는 복수형 명사인 'experiments'를 가리킨다. 세 번째 문장에서 'that'은 'size'를 가리킨다. 그리고 'one'은 형용사 'female'의 수식을 받는 단수 명사 'killer whale'을 가리킨다.

# 1.2. 논리적 연결

## 1.2.1. 접속사와 접속부사

두 가지 이상의 아이디어를 연결할 때, 접속사나 접속부사를 사용해 단어나 구문 또는 문장을 연결한다.

### 1.2.1.1. 등위접속사와 접속부사

연결하려는 대상이 형태나 의미에 있어서 등가일 때에는 등위접속사나 접속부사를 사용한다. 등위접속사나 접속부사로 연결된 단어, 구문, 문장은 병렬구조를 이룬다.

두 개의 단어나 구문을 연결하는 등위접속사와 접속부사로는 다음과 같은 것들이 있다.

| | |
|---|---|
| and | » 그리고 |
| or | » 또는 |
| either … or … | » …거나 … |
| not only … but also … | » …뿐만 아니라 … 또한 |
| … as well as … | » …뿐만 아니라 … 또한 |
| neither … nor … | » …도 아니고 …도 아닌 |

두 개의 문장을 연결하는 등위접속사와 접속부사로는 다음과 같은 것들이 있다.

| | |
|---|---|
| and | » 그리고 |
| or | » 또는 |
| so | » 그래서 |
| therefore | » 따라서 |
| but | » 그러나 |
| however | » 그러나 |

| either … or … | » …이거나 … |
|---|---|
| neither … nor … | » …도 아니고 …도 아닌 |
| not only … but also … | » …뿐만 아니라 … 또한 |

### 1.2.1.1.1. 단어의 병렬구조

접속어구로 연결되는 두 단어는 같은 범주에 속하는 단어이어야 한다. 하나가 명사이면 다른 것도 명사, 하나가 형용사나 부사, 동사이면 다른 것도 형용사나 부사, 동사여야 한다.

❖ 예문 ❖

▶ The hybrid cars are **not only** fuel-efficient **but also** environment-friendly.
 » 하이브리드 차는 연비가 좋을 뿐만 아니라 친환경적이기도 하다.

※설명_ 위 문장에서 'not only … but also …' 접속어구로 연결된 'fuel-efficient'와 'environmental-friendly'는 둘 다 형용사이다.

### 1.2.1.1.2. 구문의 병렬구조

등위접속사나 접속부사로 연결되는 구문 역시 형태가 동일해야 한다.

❖ 예문 ❖

▶ To maintain the validity of the test, our experiment on blood pressure was conducted during two time periods each day, **from 8 to 9 A.M. and from 1 to 2 P.M.** over several days.
 » 실험의 타당성을 유지하기 위해, 우리는 매일 두 번 오전 8시에서 9시까지, 오후 1시에서 2시까지 며칠 동안 혈압에 대한 실험을 했다.

※설명_ 접속사 'and'로 연결된 구문 'from 8 to 9 A.M.'과 'from 1 to 2 P.M.'은 둘 다 시간의 길이를 가리키는 표현으로써 형태가 동일하다.

### 1.2.1.1.3. 문장의 병렬구조

단어나 구문과 마찬가지로 각각 주어와 동사를 가진 두 문장을 등위접속사나 접속부사로 연결하면 병렬구조를 이룬다.

❖ 예문 ❖

▶ The level of oxygen increased in the room over time, **but** carbon dioxide levels did not.

　　》 시간이 흐르면서 방안의 산소 레벨은 증가했지만, 이산화탄소의 레벨은 증가하지 않았다.

※ 설명_ 위 문장은 'oxygen'과 'carbon dioxide'의 증가 여부를 대조하는 두 문장으로 구성되어 있는데, 등위접속사인 'but'을 중심으로 앞 문장은 긍정문, 뒤 문장은 부정문의 형태로 병렬구조를 이루고 있다.

### 1.2.1.2. 종속접속사

두 개의 문장을 종속접속사로 연결하면, 접속사로 시작되는 문장은 종속절이 된다. 이때 종속접속사는 두 문장의 논리적 관계를 규명해주는 역할을 한다. 주절과 종속절이 원인, 결과, 시간, 장소, 방법 등으로 연결되는 것이다. 다양한 종속접속사 가운데 흔히 쓰는 것은 다음과 같다.

| | |
|---|---|
| because | 》 …때문에 |
| since | 》 …때문에 |
| when | 》 …할 때 |
| as | 》 …함에 따라 |
| before | 》 …전에 |
| after | 》 …후에 |
| while | 》 …할 동안에 |
| while | 》 …반면에 |
| whereas | 》 …반면에 |
| if | 》 …한다면 |
| although | 》 …하더라도 |

| even though | » 아무리 …하더라도 |
|---|---|
| even if | » 비록 …하더라도 |
| as far as | » …하는 한 |
| as long as | » …하는 동안은 |

❖ 예문 ❖

- **Since** bistable laminated-composites are applied to various situations, it is important to control their stable-shapes.
  - » 쌍안정 적층복합재료는 다양한 상황에 적용되기 때문에, 그것의 안정된 형태를 유지하는 것은 중요하다.

- **When** a vehicle is driven over rough terrain, vibration is transmitted from the road to the vehicle body and to the occupants via the vehicle suspension system.
  - » 차량이 울퉁불퉁한 길을 달릴 때에는 그 진동이 차량 현가장치를 통해 차체와 탑승자에게 전해진다.

- **After** reaching its peak, the ratio of the fluorescence intensity decreased over time.
  - » 형광강도의 비율은 정점에 도달한 뒤 시간이 흐름에 따라 감소한다.

- The existing car-spoiler's surface is far above the rear of the car, **whereas** the Smart Soft Composite Spoiler (SSCS) is attached to the car surface, allowing reduction in its aerodynamic losses.
  - » 기존의 자동차 스포일러의 표면은 차의 후미 위로 멀리 떨어져 있는 데 반해, 본 연구의 스마트 연복합스포일러(SSCS)는 차 표면에 붙어있어서 공기역학적 손실을 줄여준다.

## 1.2.1.3. 주의해야 할 종속접속사

위의 접속사 중에서 한국인이 특히 혼동하기 쉬운 것들이 있다. 가정을 나타내는 'if'와 시간을 나타내는 'when'이 좋은 예이다. 이 외에도 'if', 'even if', 'although', 'even though'는 의미가 비슷한 듯하지만 미묘한 차이가 있기 때문에 잘 구별해서 사용해야 한다.

❖ 예문 ❖

▶ **If** a virus spreads through a densely populated area, it can cause an epidemic.
　» 바이러스가 인구 밀집 지역에 퍼지면 전염병을 유발할 수도 있다.

▶ **When** a virus spreads through a densely populated area, it will cause an epidemic.
　» 바이러스가 인구 밀집 지역에 퍼질 때에는 전염병을 유발할 것이다.

※ 설명_ 첫 번째 문장에서 'if'는 가정된 상황을 가리키는 것으로, 바이러스가 퍼질 가능성과 퍼지지 않을 가능성 두 가지를 모두 고려한 표현이다. 바이러스가 안 퍼질 경우에는 문제가 안 되겠지만, 만약에 퍼진다면 전염병을 유발할 수 있다는 뜻이다. 이와 달리 'when'을 사용한 두 번째 문장은 바이러스가 퍼질 가능성이 더 큰 경우를 가리킨다. 바이러스의 확산이 시간의 문제임을 암시할 수도 있다.

---

▶ **If** the sun rises, the test tubes need to be moved to a dark place.
　» 해가 나면 시험관은 음지로 옮겨야 한다.

▶ **When** the sun rises, the test tubes have to be moved to a dark place.
　» 해가 나면, 시험관은 음지로 옮겨야 한다.

※ 설명_ 위에서 첫 번째 문장은 그럴싸하게 들리지만 논리적으로는 옳지 않은 문장이다. 왜냐하면 해가 뜨는 것은 시간의 문제이지 가상적인 상황이 아니기 때문이다. 따라서 같은 내용을 담고 있지만 'when'을 사용한 두 번째 문장이 정확한 문장이다. 한국어를 영역할 때, '…면/이면'은 무조건 'if'로 '…때'는 무조건 'when'으로 영역하지 않도록 조심해야 한다. 종속절의 내용이 가상적인 상황을 가리킬 때에는 '…때'를 'if'로 옮기는 것이 정확하다.

---

▶ The clinical trial can be postponed **if** the doctor deems it necessary.
　» 의사가 필요하다고 여기면, 임상 실험은 연기될 수 있다.

▶ We need to be more sensitive to climate change, which can lead to the extinction of humankind, **even if** it will not happen for several decades.
　» 비록 수십 년 내에 일어날 일은 아닐지라도, 우리는 인류의 멸종을 가져올 기후 변화에 더 민감해질 필요가 있다.

▶ **Even though** Cassini's mission has come to an end, it will continue to transmit photos to NASA until it explodes in Saturn's atmosphere.
　» 카시니는 임무가 끝났음에도 불구하고, 토성의 대기권에서 폭발할 때까지 계속해서 나사에 사진을 전송할 것이다.

※ 설명_ 첫 번째 문장의 'if'는 조건부 상황을 가리키므로 '의사가 필요로 하지 않을 경우'도 염두에 두고 있다. 즉, 의사가 원하지 않으면 임상 실험은 연기하지 않고 실시한다는 뜻이다. 두 번째 문장에서는 'even if'가 쓰였는데, 이 접속사 역시 일어나지 않은 일에 대한 가정을 가리키지만, 그런 일이 일어날 가능성이 매우 낮다는 의미를 내포한다. 마지막 문장에 쓰인 'even though'는 '예상 밖으로'라는 의미를 내포한다. 따라서 우주선 카시니가 수명을 다하는 순간까지도 지속해서 토성의 사진을 전송한다는 사실이 놀랍다는 함의가 있다.

## 1.2.2. 콜론이나 세미콜론을 이용한 연결

한국어에서는 쓰지 않지만, 영어에는 문장을 연결할 때 쓰는 구두법 가운데 콜론(:)과 세미콜론(;)이 있다. 일반적으로 영어에서 두 문장을 연결할 때에는 마침표나 쉼표를 쓴다. 콜론과 세미콜론은 마침표와 쉼표를 응용한 것이기는 하지만 한국인에게는 낯선 구두법이다. 기능이 제한적이고 사용법이 쉽지 않으니 주의해야 한다.

### 1.2.2.1. 콜론
콜론은 다음과 같은 경우에 사용된다.

- 첫째, 예시를 위한 목록을 열거할 때
- 둘째, 인용문을 옮길 때
- 셋째, 앞 문장의 내용을 강조 또는 설명할 때

❖ 예문 ❖

▶ This study proposes a driver model which consists of three steering processes: path planning; feed-forward steering; and feedback steering.

　　» 본 연구는 세 가지 조종과정으로 구성된 운전자모델을 제시하는데, 그 세 가지 조종과정이란 경로 계획, 피드포워드 조종, 피드백 조종이다.

※ 설명_ 운전자 모델에 대한 문장을 제시한 뒤 콜론을 찍는다. 콜론 바로 다음에 모델을 구성하는 세 가지 과정을 하나씩 예시한다. 콜론은 문장이 지속된다는 뜻이므로 콜론 다음에 오는 예시 구문은 소문자로 시작한다. 예시되는 명사구를 열거할 때에는 전통적으로 세미콜론을 쓰지만 쉼표를 써도 무방하다. 열거되는 마지막 명사구 앞에는 접속사 'and'를 써야 한다.

▶ Albert Einstein famously said: "No amount of experimentation can ever prove me right; a single experiment can prove me wrong."

　　» 앨버트 아인슈타인은 "아무리 실험을 많이 해도 내가 옳다는 것을 증명할 수는 없다. 그런데 단 한 번의 실험으로써 내가 틀렸다는 것을 증명할 수는 있다"는 유명한 말을 했다.

※ 설명_ 여기서 쓰인 콜론은 아인슈타인의 말을 인용하기 위한 장치로서 콜론 다음에 오는 인용문은 큰따옴표로 시작한다. 인용문의 두 문장을 연결하는 데 사용된 세미콜론의 용법에 대해서는 다음 〈1.2.2.2. 세미콜론〉에서 설명한다.

▸ Bistable laminated-composites are used in various applications such as airplane wings, biomimetic robots, energy-harvesting devices, and wearable devices: Bistable laminated-composites are designed for various functions.

  » 쌍안정 적층복합재는 비행기 날개, 생체 모방 로봇, 에너지 수확 장치 및 웨어러블 디바이스와 같은 다양한 응용 분야에서 사용된다. 즉, 쌍안정 적층복합재는 다양한 기능을 위해 설계된 것이다.

※ 설명_ 앞 문장에서 예시로 든 쌍안정 적층복합재의 다양한 활용이 콜론 이하의 문장에서 다시 한번 강조되었다.

## 1.2.2.2. 세미콜론

세미콜론은 다음과 같은 경우에 사용된다.

- 첫째, 두 문장이 의미상 매우 밀접하게 연결되어 있을 때 쓴다. 따로 독립된 문장을 만들기에는 내용이 긴밀하게 연결되어 있고, 한 문장으로 처리하면 문체가 어색해질 때 마침표와 쉼표를 섞어놓은 세미콜론을 사용한다. 세미콜론은 경우에 따라 'however'나 'therefore' 등의 접속부사와 함께 쓰기도 한다. 접속부사를 쓸 경우 접속부사 뒤에 쉼표를 찍어야 한다.
- 둘째, 세미콜론의 또 다른 용법은 콜론 뒤에 일련의 명사나 명사구를 열거할 때 개별단어나 구문을 구분해주는 쉼표의 기능이다.

❖ 예문 ❖

▸ Albert Einstein famously said: "No amount of experimentation can ever prove me right; a single experiment can prove me wrong."

  » 앨버트 아인슈타인은 "아무리 실험을 많이 해도 내가 옳다는 것을 증명할 수는 없다. 그런데 단 한 번의 실험이 내가 틀리다는 것을 증명할 수는 있다"는 유명한 말을 했다.

※ 설명_ 위에서 세미콜론으로 연결된 두 문장 모두 과학자에게 있어서 실험의 중요성을 언급하고 있다. 따로 독립된 문장을 만들기에는 내용이 깊이 연결되어 있는데, 구체적으로, 세미콜론 다음에 오는 문장은 앞 문장과 대조되는 내용을 제시하고 있다. 여기서 세미콜론은 접속어구 'however'에 해당하는 기능을 한다.

▶ There has been a significant increase in the price of petroleum; **therefore**, it is likely that inflation will increase in the next quarter.

  » 석유가격이 대폭 상승했으므로, 다음 사분기에는 인플레이션이 일어날 것 같다.

※ 설명_ 세미콜론 다음에 '따라서'를 가리키는 'therefore'가 쓰인 예이다. 의미상 원인과 결과의 관계로 연결되어 있는 두 문장을 세미콜론을 사용해 한 문장으로 만든 경우이다.

▶ This study proposes a driver model which consists of three steering processes: path planning; feed-forward steering; and feedback steering.

  » 본 연구는 세 가지 조종과정을 갖춘 운전자모델을 제시하는데, 그 세 가지 조종과정이란 경로 계획, 피드포워드 조종, 피드백 조종이다.

※ 설명_ 예시로 제시된 세 명사구 'path planning', 'feed-forward steering', 'feedback steering'을 열거하면서 각 세 명사구를 각각 세미콜론으로 연결하였다.

세미콜론은 한국인이 영어문장에 대한 풍부한 경험이나 확실한 지식이 없이 사용할 경우 실수하기 쉬운 구두법이다. 문맥상 세미콜론을 써야 할지 말아야 할지 확신이 서지 않는다면, 세미콜론으로 연결하지 말고 두 개의 독립된 문장을 쓰는 것이 안전하다. 그리고 독립된 두 문장의 논리적 관계를 가리키는 종속접속사를 써주면 더 확실해진다.

## 1.2.3. 도표의 설명

과학논문에서는 표나 그림이 빈번하게 삽입된다. 이런 표나 그림을 언급할 때 접속사 'as'를 써서 문장을 연결할 수 있다. 이때 사용되는 영어단어 가운데 '표'는 'Table'이고 '그림'은 'Figure'이다. 표나 그림과 함께 쓰는 관용적인 표현들은 다음과 같다.

| | | |
|---|---|---|
| **표** | as can be seen in Table 1 | » 표 1에서 볼 수 있듯이 |
| | as shown in Table 1 | » 표 1이 보여주듯이 |
| | as given in Table 1 | » 표 1에 나온 바대로 |
| | as listed in Table 1 | » 표 1에 열거된 대로 |
| | as summarized in Table 1 | » 표 1에 요약된 것처럼 |
| **그림** | as can be seen in Figure 1 | » 그림 1에서 볼 수 있듯이 |
| | as can be demonstrated by Figure 1 | » 그림 1이 보여주듯이 |
| | as shown in Figure 1 | » 그림 1이 보여주듯이 |
| | as illustrated in Figure 1 | » 그림 1에서 예시되었듯이 |
| | as depicted in Figure 1 | » 그림 1에 묘사되었듯이 |

❖ 예문 ❖

▸ **As shown in Figure 1**, the Nakdong River is covered in algae blooms of high intensity. This phenomenon is called "green algae latte."
　　» 그림 1이 보여주듯이, 낙동강은 짙은 녹주로 덮여있다. 이 현상을 '녹조라테'라고 부른다.

제 **2** 장

# 문단
## PARAGRAPH

*A Guide to Writing
Science Papers in English*

학술논문에서는 문단이 모여서 하나의 단락을 이루고, 이런 단락이 여럿 모여 하나의 완성된 글을 이루게 된다. 문단은 논문의 기본 단위이므로 각 문단의 구성요건을 잘 알고 있어야 한다. 한 문단은 명확한 주제문과 적절한 뒷받침 문장으로 이루어진다.

## 2.1. 문단의 구성

문단이란 하나의 요지를 중심으로 구축된 글의 단락을 가리킨다. 영어 논문의 경우 한 문단은 보통 5~10개의 문장으로 이루어진다. 특별한 경우를 제외하고는 아무리 긴 문장이라 하더라도 한 개의 문장만으로 문단을 만들 수는 없다. 일반적으로 문단이라면 적어도 두 개 이상의 문장을 갖추어야 한다는 뜻이다.

문단은 핵심적인 주장을 담은 주제문과 이를 뒷받침하는 문장으로 구성된다. 뒷받침하는 문장들은 주제문을 상세히 설명하거나 주제문에 담긴 주장의 근거를 제시하는 기능을 한다. 드물긴 하지만, 뚜렷한 주장이 없이 앞뒤 문단이 자연스럽게 연결되도록 문단 사이에 징검다리 역할을 하는 짧은 문단이 삽입될 때가 있다. 과학논문에서는 꼭 필요한 경우가 아니면 이런 전환용 문단은 쓰지 않는 것이 좋다.

## 2.1.1. 두괄식 문단 구조

영어로 된 학술논문은 두괄식 구성을 기본 원칙으로 한다. 그리고 주제문은 문단의 첫머리에 위치한다. 그런데 가끔 첫 번째 문장이 주제문을 싣지 않고 앞 문단과 새 문단을 자연스럽게 이어주는 전환의 기능을 할 때가 있다. 이런 경우, 주제문은 두 번째 문장에 배치된다.

두괄식 구성은 문단 말미에 요점이나 주장을 제시하는 미괄식 구성과 반대 개념이다. 한국식 글쓰기에서는 종종 미괄식을 따른다. 그러므로 이 방식에 익숙한 한국인들이 영어 논문을 작성할 때에는 반드시 두괄식 구성을 염두에 두어야 한다.

## 2.1.2. 주제문

주제문은 각 문단의 요지를 간결하면서도 정확하게 보여주는 문장이다. 주제문을 작성하기 전에 반드시 각 문단에서 다루고자 하는 핵심 내용이 무엇인지 곰곰이 생각해 보아야 한다. 핵심 내용이란 주어진 문단에서 주장하거나 설명하려는 요점을 가리킨다. 주제문을 작성할 때에는 다음 세 가지를 유의해야 한다.

- 주제문이 핵심 내용을 담고 있는가?
- 주제문의 표현이 너무 일반적이거나 보편적이지 않은가?
- 반대로, 주제문의 표현이 지나치게 세부적이거나 지엽적이지 않은가?

## 2.1.3. 뒷받침 문장

주제문 다음에는 2~10개의 뒷받침 문장이 온다. 이 문장들은 주제문에 담긴 핵심 내용의 타당성을 설명하는 기능을 한다. 뒷받침 문장을 작성할 때에는 다음 두 가지를 유의해야 한다.

- 주제문에 대한 부연 설명 및 세부 내용을 담고 있는가?
- 주제문의 주장에 대한 적절한 근거를 제시하는가?

❖ 예문 ❖

▸ Noise pollution has been a growing problem in the oceans and other large bodies of water for decades. Commercial shipping, oil exploration, recreation, and even scientific research are all raising the decibel levels within marine habitats, adding to naturally occurring rackets like earthquakes, crashing waves, and tidal changes. And because sound travels farther in water than air, each new source has an outsize effect.

» 소음 공해는 수십 년 동안 바다 및 다른 대형 수역에서 증가하고 있는 문제이다. 상업용 해상운송, 석유 탐사, 레크리에이션 및 심지어 과학연구까지 모두 해양생물 서식지 내의 데시벨 수준을 높이면서, 지진과 파도, 조수 변화와 같이 자연적으로 발생하는 소음을 증가시키고 있다. 그리고 소리는 공기보다 물속에서 더 멀리 퍼지기 때문에, 새로운 소음마다 각각 엄청난 파급효과를 갖는다.

출처_ Quenqua, D. (2017, October 25). Yes, oysters can 'hear.' They probably wish we'd clam up. *The New York Times*. Retrieved from https://www.nytimes.com/2017/10/25/science/oysters-noise-pollution.html

※ 설명_ 이 글은 《뉴욕타임스》의 과학 기사를 발췌한 것으로서 총 세 문장으로 이루어진 비교적 짧은 문단이다.

◆ 핵심 내용

수중 소음의 증가

◆ 주제문

문단의 첫 번째 문장이다.

Noise pollution has been a growing problem in the oceans and other large bodies of water for decades.

» 소음 공해는 수십 년 동안 바다와 다른 대형 수역에서 증가하고 있는 문제이다.

◇ 주제문이 핵심 내용을 담고 있는가?

이 문단의 핵심 내용을 가리키는 단어는 '소음' '수중' '증가'이다. 문단의 첫 번째 문장인 주제문은 세 개의 키워드, 'noise', 'growing problem', 'oceans'를 모두 포함하고 있다. 따라서 주제문은 수중 소음 공해가 증가하고 있다는 핵심 내용을 담고 있다.

◇ 주제문의 표현이 너무 일반적이거나 보편적이지 않은가?

주제문은 모든 종류의 수중 소음 공해를 다루지 않고, '바다 및 다른 대형 수역'에서 발생하는 소음 공해로 범위를 한정시키고 있다.

◇ 반대로, 주제문의 표현이 지나치게 세부적이거나 지엽적이지 않은가?

주제문은 대형 수역에서 발생하는 소음 공해의 증가에 초점을 맞추지만 어느 특정 지역의 문제로 한계를 짓거나 소음 공해의 구체적인 내용은 언급하지 않고 있다.

◆ 뒷받침 문장

문단의 두 번째와 세 번째 문장이다. 두 번째 문장은 주장에 대한 부연 설명을 제공하고 세 번째 문장은 주장에 대한 근거를 제시한다.

Commercial shipping, oil exploration, recreation, and even scientific research are all raising the decibel levels within marine habitats, adding to naturally occurring rackets like earthquakes, crashing waves, and tidal changes.

> » 상업용 해상운송, 석유 탐사, 레크리에이션 및 심지어 과학연구까지 모두 해양생물 서식지 내의 데시벨 수준을 높이면서, 지진과 파도, 조수 변화와 같이 자연적으로 발생하는 소음을 증가시키고 있다.

And because sound travels farther in water than air, each new source has an outsize effect.

> » 그리고 소리는 공기보다 물속에서 더 멀리 퍼지기 때문에, 새로운 소음마다 각각 엄청난 파급효과를 갖는다.

◇ 주제문에 대한 부연 설명 및 세부 내용을 담고 있는가?

두 번째 문장은 소음 증가의 원인에 대해 부연 설명을 하기 위해 먼저 소음을 인공 소음과 자연 소음으로 나눈 뒤, 각 소음의 구체적인 예를 들고 있다. 두 번째 문장은 'adding to'를 전후해 두 개의 구절로 나뉜다.

첫째 구절은 인공 소음의 예로서 '상업용 해상운송, 석유 탐사, 레크리에이션과 과학연구'를 열거한다.

commercial shipping, oil exploration, recreation, and scientific research

둘째 구절은 자연 소음의 예로서 '지진, 파도, 조수 변화'를 열거한다.

earthquakes, crashing waves, and tidal changes

◇ 주제문의 주장에 대한 적절한 근거를 제시하는가?

세 번째 문장은 수중에서 소음 공해가 왜 문제가 되는지에 대해 '소리는 공기보다 물속에서 더 멀리 퍼지기 때문에'라는 과학적인 근거를 제시한다.

because sound travels farther in water than air

❖ 예문 ❖

▶ Candida antarctica lipase B (CalB) is an efficient catalyst for many biochemical and industrial reactions due to its high thermostability, broad substrate-specificity, and high selectivity. The active site of CalB is composed of a typical Ser-His-Asp catalytic triad and is accessible through two narrow channels. In addition, CalB molecules naturally form an oligomeric structure composed of closely packed dimers.

» 칸디다 안타크티카 리파아제 비(CalB)는 고도의 열 안정성, 광범위한 기질 특이성 및 고도의 선택성으로 인해 많은 생화학적 반응 및 산업적 반응을 일으키는 효과적인 촉매제이다. CalB 의 활성 부위는 전형적인 Ser-His-Asp라는 삼중촉매체로 구성되어 있으며 두 개의 좁은 채 널을 통해 접근할 수 있다. 또한 CalB 분자는 자연스럽게, 촘촘한 이량체로 이루어진 올리고 머구조를 형성한다.

※ 설명_ 이 글은 식품공학 분야 논문의 서론 중 한 문단을 발췌한 것이다.

◆ 핵심 내용

칸디다 안타크티카 리파아제 비(CalB)의 촉매제로서의 효과

◆ 주제문

첫 번째 문장이다.

Candida antarctica lipase B (CalB) is an efficient catalyst for many biochemical and industrial reactions due to its high thermostability, broad substrate-specificity, and high selectivity.

» 칸디다 안타크티카 리파아제 비(CalB)는 고도의 열 안정성, 광범위한 기질 특이성 및 고도의 선택성으로 인해 많은 생화학적인 반응 및 산업적 반응을 일으키는 효과적인 촉매제이다.

◇ 주제문이 핵심 내용을 담고 있는가?

이 문단의 핵심 내용인 CalB의 세 가지 특징을 언급함으로써 촉매제로서의 우수성을 주장하고 있다.

◇ 주제문의 표현이 너무 일반적이거나 보편적이지 않은가?

CalB의 특징 세 가지를 구체적으로 밝히고 있다.

◇ 반대로, 주제문의 표현이 지나치게 세부적이거나 지엽적이지 않은가?

촉매제로서의 CalB의 효과를 주장하면서도 그 효과를 자세히 설명한다거나 세 가지 특징을 분석하고 있지는 않다.

◆ 뒷받침 문장

문단의 두 번째와 세 번째 문장. 뒷받침 문장 둘 다 주제문에 대한 부연 설명이다.

The active site of CalB is composed of a typical Ser-His-Asp catalytic triad and is accessible through two narrow channels.
　» CalB의 활성 부위는 전형적인 Ser-His-Asp라는 삼중촉매체로 구성되어 있으며 두 개의 좁은 채널을 통해 접근할 수 있다.

CalB molecules naturally form an oligomeric structure composed of closely packed dimers.
　» 또한 CalB 분자는 자연스럽게, 촘촘한 이량체로 이루어진 올리고머구조를 형성한다.

◇ 주제문에 대한 부연 설명 및 세부 내용을 담고 있는가?

두 번째 문장에서 먼저 CalB의 구조를 설명하고 그 다음 어떻게 그 부위에 접근할 수 있는지 설명하고 있다.

composed of typical Ser-His-Asp catalytic triad

accessible through two narrow channels

세 번째 문장에서는 좀 더 자세히 들어가 CalB의 분자구조에 대해 설명한다.

CalB molecules form an oligomeric structure

◇ 주제문의 주장에 대한 적절한 근거를 제시하는가?

뒷받침 문장에서 근거를 다루고 있지는 않다.

제 3 장

# 논문
## RESEARCH PAPER

*A Guide to Writing*
*Science Papers in English*

학술논문은 엄격하게 정해진 형식에 맞추어 작성되는 특수한 장르의 글이다. 모든 글쓰기가 그렇듯, 논문에서 독자는 매우 중요하다. 논문 형식을 공유하고 논문 내용을 소비하는 주체이기 때문이다. 논문을 통해 펼쳐지는 학문적 소통의 장에서 한 논문의 저자는 다른 논문의 독자가 되기도 한다. 따라서 논문을 쓸 때에는 저자인 나 자신을 독자의 입장에 두고 쓰는 것이 현명하다. 비판적인 독자가 제기할 수 있는 문제점을 미리 파악하고 관련 자료를 보충하며 대응 논리를 구축하는 데 효과적이기 때문이다.

논문 쓰기의 부담감을 줄이는 한 가지 방법은 다른 연구자의 논문을 많이 읽어보는 것이다. 이를 통해 논문 작성요령과 기술을 익히려면, 글의 내용만 따라갈 것이 아니라 형식이나 표현방식에 허술한 부분이 없는지 꼼꼼히 살피는 버릇을 기르는 것이 좋다. 그리고 나 자신이 이 논문의 저자라면 어떻게 달리 썼을까 생각해보도록 한다. 이때 아래와 같은 질문을 해보는 것이 도움이 된다.

- 논문의 독자가 이 연구 주제에 대해 이미 알고 있는 바는 무엇인가?
- 논문의 독자가 이 연구에 대해 기대하고 있는 바는 무엇인가?
- 논문의 독자가 이 논문에서 비판적으로 볼 수 있는 부분은 어디인가?

이 장에서는 논문 전체에서 고려해야 할 사항 가운데 먼저 논문의 형식과 연구 윤리성을 살펴본다.

## 3.1. 형식

형식은 완성된 논문이 갖추어야 할 가장 중요한 요소이다. 형식은 저자와 독자 간의 약속이자 연구공동체의 규범에 해당한다. 만약 형식을 지키지 않고 논문을 쓴다면, 아무리 좋은 내용이라도 가치를 인정받지 못하거나 학술적으로 적절하지 못한 것으로 취급받을 수 있으므로 논문을 쓸 때에는 해당 분야에서 통용되는 형식을 잘 파악한 뒤 정해진 규정을 따라야 한다. 아래에서는 논문의 핵심 요소인 초록, 서론, 본론, 결론, 참고문헌을 순서대로 살펴본다.

### 3.1.1. 초록

초록은 학술논문을 축약한 것으로, 전체 논문을 한눈에 보여주는 창이라고 할 수 있다. 인터넷을 통해 논문 검색이 이루어지는 오늘날, 연구자들은 논문 전체를 읽지 않고 초록을 통해 논문 내용을 빠르게 파악하는 경우가 많다. 또한 대부분 초록이 무료로 제공되기 때문에 초록의 접근성은 더욱 커지는 추세이다. 따라서 초록의 중요도는 더욱 높아지고 있다.

초록은 보통 5~10개의 문장으로 이루어진 하나의 문단이며, 각각의 문장은 논문의 구성과 비슷하게 연구의 배경 및 문제, 연구 방법론, 연구 결과, 논의 및 결론을 집약한 것이다. 일반적으로 초록은 150~250단어의 길이로 작성하는데, 불필요한 내용은 모두 빼고 논문에서 가장 중요하고 필수적인 내용만 초록에 담도록 한다.

분야에 따라서는 논문의 가장 핵심적인 내용이라 할 수 있는 연구 방법론과 결과만을 2~3문장으로 짧게 요약하는 초록도 가능하다. 긴 초록과 달리, 짧은 초록의 경우 50~100개의 단어로 작성이 가능하다. 그러나 학술지마다 단어 제한이 있으니 초록을 작성하기 전에 반드시 투고하려는 학술지의 규정을 확인하도록 한다.

한편, 초록과 함께 하이라이트(highlight)를 추가로 요구하는 학술지도 있다. 하이라이트란 논문의 핵심 내용이나 개념을 논문의 해당 페이지에서 직접 인용하거나, 3~5개의 문장 또는 어구로 간추린 것이다. 초록과 마찬가지로, 하이라이트에 대한 요구사항은 학술지마다 다르므로, 투고를 목표로 하는 학술지의 규정을 미리 확인한 뒤 준비해야 실수가 없다.

#### 3.1.1.1. 초록의 내용
긴 초록은 전체 논문의 구성을 따른다. 반드시 다음 사항을 포함해야 한다.

- 연구 배경, 목적 및 문제
- 연구 방법론
- 연구 결과
- 논의 및 결론

짧은 초록은 다음 두 항목을 포함하되, 각 항목에 언급된 요소들을 결합하여 집약적으로 제시해야 한다.

- 연구 문제와 방법론
- 연구 결과와 의의

### 3.1.1.2. 주의사항

초록을 작성할 때 형식과 내용 면에서 다음과 같은 점을 주의하도록 한다.

형식 측면에서는 다음과 같은 점을 주의한다.

- 초록에 반드시 포함되어야 할 항목 가운데 누락된 것이 없는지 살핀다.
- 각 항목의 내용이 지나치게 부족하거나 과하지 않도록 적절하게 조절한다.
- 초록의 길이를 제한하는 단어의 숫자에 주의한다. 여러 개의 단어로 이루어진 긴 합성어를 쓸 경우, 처음 이 단어가 나올 때 약자를 함께 제시하여, 그다음부터는 긴 합성어를 반복해서 사용하는 일이 없도록 한다.
- 초록의 시제 선택에 조심해야 한다. 과거에 이루어진 연구를 언급하거나 본 연구의 방법론 및 연구 결과를 언급할 때에는 과거시제를 사용한다. 한편, 본 연구의 목적 및 연구 결과가 지닌 의의를 언급할 때에는 현재시제를 사용한다.

내용 측면에서는 다음과 같은 점을 주의한다.

- 기존의 연구와 차별되는 본 연구만의 새로운 발견 또는 의의가 반드시 담겨야 한다.
- 명확한 정보를 제시하기 위해 필요한 수치나 방법 등을 구체적으로 설명하되, 너무 자세하게 설명할 필요는 없다. 세밀한 내용은 논문의 본문에서 확인할 수 있기 때문이다.
- 초록은 기본적으로 본 논문의 요약문이므로 논문과 상관없는 내용이 들어가지 않도록 주의한다.

▸ Robots have the potential to facilitate future therapies for children on the autism spectrum. However, existing robots are limited in their ability to automatically perceive and respond to human affect, which is necessary for establishing and maintaining engaging interactions. Their inference challenge is made even harder by the fact that many individuals with autism have atypical and unusually diverse styles of expressing their affective-cognitive states. To tackle the heterogeneity in children with autism, we used the latest advances in deep learning to formulate a personalized machine learning (ML) framework for automatic perception of the children's affective states and engagement during robot-assisted autism therapy. Instead of using the traditional one-size-fits-all ML approach, we personalized our framework to each child using their contextual information (demographics and behavioral assessment scores) and individual characteristics. We evaluated this framework on a multimodal (audio, video, and autonomic physiology) data set of 35 children (ages 3 to 13) with autism, from two cultures (Asia and Europe), and achieved an average agreement (intraclass correlation) of ~60% with human experts in the estimation of affect and engagement, also outperforming nonpersonalized ML solutions. These results demonstrate the feasibility of robot perception of affect and engagement in children with autism and have implications for the design of future autism therapies.

» 로봇은 크고 작은 자폐증 증상을 지닌 아동들을 위한 미래의 치료법으로서의 잠재력을 가지고 있다. 그러나 기존의 로봇은 인간의 정서를 자동으로 인지하고 대응하는 능력에 한계가 있는데 이것은 상호작용을 유발하고 유지하는 데 필수적인 능력이다. 로봇의 추론과제가 더욱 힘든 이유는 자폐증을 앓는 많은 이들의 감정 및 인지 표현 방식이 비정형적이고 다양하기 때문이다. 자폐 아동들의 이질성을 해결하기 위한 목적으로, 우리는 딥러닝의 최신 연구를 이용하여 아동이 로봇 보조 자폐증 치료를 받는 동안 이들의 감정 상태와 참여를 자동으로 인식할 수 있는 개별화된 기계학습(ML)의 틀을 구축했다. 우리는 획일화된 전통적인 ML 대신, 각 아동의 총체적인 정보(인구정보 및 행동 평가 점수)와 개인적 특성을 바탕으로 기계학습의 틀을 개별화했다. 우리는 두 문화권 (아시아 및 유럽)에서 자폐증을 앓고 있는 35명의 어린이(3세부터 13세까지)에 대한 다중매체(오디오, 비디오 및 자율생리학) 데이터 세트를 대상으로 우리의 틀을 평가했는데, 정서와 참여도 추정에 있어서 인간 전문가와 평균(급내상관) 60% 일치하는 결과를 얻었고, 또한 비개별화된 ML해결법보다 능력이 뛰어나다는 결과도 얻었다. 이 결과는 자폐 아동의 감정과 참여에 대한 로봇 인식의 실현 가능성을 보여주며, 향후 자폐증 치료법의 설계에 영향을 미친다.

출처_ Rudovic, O., Lee, J., Dai, M., Schuller, B., & Picard, R. W. (2018). Personalized machine learning for robot perception of affect and engagement in autism therapy. *Science Robotics*, *3*(19), eaao6760. DOI:10.1126/scirobotics.aao6760

※ 설명_ 이 글은 ≪사이언스 로보틱스≫ 저널에 게재된 논문의 초록으로서 7문장, 209단어로 이루어진 긴 초록이다.

◆ 초록에 반드시 포함되어야 할 내용이 누락되지 않았는가?

첫 세 문장은 본 연구의 배경 및 문제점에 대한 것이다. 첫 문장에 담긴 연구의 배경은 로봇이 자폐 아동의 치료에 이용될 수 있다는 점이다. 두 번째 문장은 문제점을 언급하는데, 로봇이 자폐 아동의 정서를 자동 인지하고 대응하는 데 한계가 있다는 것이다. 세 번째 문장은 문제의 심각성을 다시 한번 강조하는 내용이다.

(1) Robots have the potential to facilitate future therapies for children on the autism spectrum.

» 로봇은 크고 작은 자폐증 증상을 지닌 아동들을 위한 미래의 치료법으로서의 잠재력을 가지고 있다.

(2) However, existing robots are limited in their ability to automatically perceive and respond to human affect, which is necessary for establishing and maintaining engaging interactions.

» 그러나 기존의 로봇은 인간의 정서를 자동으로 인지하고 대응하는 능력에 한계가 있는데 이것은 상호작용을 유발하고 유지하는 데 필수적인 능력이다.

(3) Their inference challenge is made even harder by the fact that many individuals with autism have atypical and unusually diverse styles of expressing their affective-cognitive states.

» 로봇의 추론과제가 더욱 힘든 이유는 자폐증을 앓는 많은 이들의 감정 및 인지 표현 방식이 비정형적이고 다양하기 때문이다.

네 번째 문장은 연구의 목적과 연구 방법을 다룬다. 목적은 자폐 아동들의 이질성 문제를 해결하는 것이다. 연구 방법으로서 딥러닝의 최신연구를 바탕으로 개별화된 기계학습의 틀을 사용했다고 밝히고 있다.

다섯 번째 문장은 바로 앞 문장에서 밝힌 연구 방법에 대한 부연 설명이다. 개별화된 기계학습의 틀은 각 아동의 인구학적 정보와 행동평가지수 및 개인적 특성에 기반했음을 밝힌다.

(4) To tackle the heterogeneity in children with autism, we used the latest advances in deep learning to formulate a personalized machine learning (ML) framework for automatic perception of the children's affective states and engagement during robot-assisted autism therapy.

» 자폐 아동들의 이질성을 해결하기 위한 목적으로, 우리는 딥러닝의 최신 연구를 이용하여 아동이 로봇 보조 자폐증 치료를 받는 동안 이들의 감정 상태와 참여를 자동으로 인식할 수 있는 개별화된 기계학습(ML)의 틀을 구축했다.

(5) Instead of using the traditional one-size-fits-all ML approach, we personalized our framework to each child using their contextual information (demographics and behavioral assessment scores) and individual characteristics.

» 우리는 획일화된 전통적인 ML 대신, 각 아동의 총체적인 정보(인구정보 및 행동 평가 점수)와 개인적 특성을 바탕으로 기계학습의 틀을 개별화했다.

여섯 번째 문장은 실험 내용과 결과에 대한 것이다. 문장의 전반부에서는 연구에 참여한 아동의 숫자, 나이, 문화 배경에 대해 데이터를 제시한다. 문장의 후반부에서는 실험에서 얻은 유의미한 결과를 구체적인 수치로써 보고한다.

(6) We evaluated this framework on a multimodal (audio, video, and autonomic physiology) data set of 35 children (ages 3 to 13) with autism, from two cultures (Asia and Europe), and achieved an average agreement (intraclass correlation) of -60% with human experts in the estimation of affect and engagement, also outperforming nonpersonalized ML solutions.

> 우리는 두 문화권(아시아 및 유럽)에서 자폐증을 앓고 있는 35명의 어린이(3세부터 13세까지)에 대한 다중매체(오디오, 비디오 및 자율생리학) 데이터 세트를 대상으로 우리의 틀을 평가했는데, 정서와 참여도 추정에 있어서 인간 전문가와 평균(급내상관) 60% 일치하는 결과를 얻었고, 또한 비개별화된 ML해결법보다 능력이 뛰어나다는 결과도 얻었다.

마지막 일곱 번째 문장은 연구 결과의 의의를 언급한다. 연구 결과가 향후 자폐증 치료법 설계에 공헌할 수 있음을 밝힌다.

(7) These results demonstrate the feasibility of robot perception of affect and engagement in children with autism and have implications for the design of future autism therapies.

> 이 결과는 자폐 아동의 감정과 참여에 대한 로봇 인식의 실현 가능성을 보여주며, 향후 자폐증 치료법의 설계에 영향을 미친다.

위의 초록이 나머지 사항을 모두 충족시켰는지 아래에서 확인해본다.

◆ 내용이 너무 부족하거나 넘치지 않을 만큼 적절하게 포함되었는가?

초록에 반드시 포함되어야 할 사항들을 구체적인 수치와 함께 제시했다.

◆ 단어 제한에 걸리지 않는가?

이 초록의 길이는 209단어로 적절하며, 긴 단어인 'machine learning'을 약자인 'ML'
로 줄인 것도 효과적이다.

◆ 문장의 시제 선택이 적절한가?

연구 방법과 결과를 서술한 네 번째, 다섯 번째, 여섯 번째 문장은 과거시제를 썼다.
연구 배경 및 문제점, 연구의 목적을 다룬 첫 번째, 두 번째, 세 번째 문장과 연구
결과의 의의를 다룬 마지막 문장은 현재시제를 썼다.

◆ 기존의 연구들과 차별되는 새로운 발견이나 의의가 담겨있는가?

기존의 일반화된 ML접근법과는 달리 개별화된 ML접근법을 사용했고, 그로부터 유
의미한 결과를 얻었다는 점을 명시했다.

◆ 필요한 수치 및 방법 등을 구체적으로 설명하되, 너무 자세하게 제시하지는 않았
는가?

본 연구를 이해하는 데 필수적인 수치만 담고 있다.

◆ 논문과 상관없는 내용이 포함되지 않았는가?

이 초록은 본 논문이 출판되지 않은 상태에서 먼저 공개된 것이어서 전체 논문을
확인할 기회는 없었지만, 초록 자체의 내적 논리를 볼 때, 불필요한 내용이 없이
간결하게 작성되었다고 볼 수 있다.

앞의 긴 초록을 짧은 초록으로 줄이면 다음과 같이 쓸 수 있다.

❖ 예문 ❖

▸ This research investigates a personalized machine learning (ML) framework for robot-assisted treatment of children with autism. The research shows the results of this framework with a multimodal data set of 35 children (ages 3 to 13) with autism from two cultures (Asia and Europe) and discusses the feasibility of robot perception of affect and engagement in children with autism, which is useful for future autism therapies.

» 본 연구는 자폐 아동의 로봇 보조 치료를 위한 개별화된 기계학습(ML) 틀을 연구하였다. 본 연구는 두 문화권(아시아 및 유럽)에 있는 자폐 아동(3세부터 13세까지) 35명에 대한 다중매체(오디오, 비디오 및 자율생리학)적인 데이터 세트를 가지고 개별화된 기계학습의 틀을 적용해본 실험의 결과를 보여준다. 또한 로봇이 자폐 아동의 감정과 참여를 인식할 수 있는 지의 가능성을 논의 하고 있다. 그런데 이 가능성은 향후 자폐증 치료법 개발에 유용할 것이다.

짧은 초록은 현재시제로 작성하며, 연구의 문제점, 방법론, 결과, 의의를 기술한다.

## 3.1.2. 서론

서론은 이론 및 실험데이터를 본격적으로 다루기 전의 도입 부분이다. 논문의 첫머리를 자연스럽게 펼치기 위한 방법으로, 모든 사람이 인정하는 현상이나 이론을 언급하는 경우가 있다. 그러나 이것은 권장할 만한 방법이 아니다. 논문의 독자는 해당 분야의 전문가들이므로 학계에 이미 광범위하게 알려져 있는 사실을 새삼스럽게 소개할 필요가 없이 논문 주제에 대한 서술을 바로 시작하는 것이 좋다.

서론에 포함되어야 할 핵심사항으로는 연구의 배경, 중요성, 초점, 기존 연구와의 차별성을 들 수 있다. 아래에서는 이런 사항을 다룰 때 유용한 표현을 제시한다.

### 3.1.2.1. 연구의 배경
서론의 첫 부분에서는 연구 주제에 대한 기존 연구의 문제점이나 미진한 점을 지적한다. 이러한 배경설명을 통해 자연스럽게 자신이 행한 연구의 중요성도 밝히고 기존 연구와의 차별성도 드러낼 수 있다.

| | |
|---|---|
| Previous studies investigated … | » 이전 연구들은 …을 조사했다. |
| Much research has been performed on … | » …에 대해 많은 연구가 이루어졌다. |
| Much research has studied … | » …에 대해 많은 연구가 이루어졌다. |
| For decades, researchers have focused on … | » 수십 년 동안, 연구자들은 …에 초점을 맞춰왔다. |
| Many researchers have reported that … | » 많은 연구자들이 …을 보고했다. |
| Many researchers have proposed that … | » 많은 연구자들이 …을 제안했다. |
| Many researchers have demonstrated that … | » 많은 연구자들이 …을 입증했다. |
| Many researchers have shown that … | » 많은 연구자들이 …을 보여주었다. |

### 3.1.2.2. 연구의 필요성 및 기존 연구와의 차별성

　서론에서는 직접적으로 연구의 필요성을 설명할 수도 있지만, 기존의 연구 동향이나 문제점과 대조함으로써 간접적으로 연구의 필요성을 드러낼 수도 있다.

| | |
|---|---|
| Few researchers have addressed that … | » …을 다룬 연구자는 거의 없었다. |
| Few studies have discussed … | » …을 논의한 연구는 거의 없었다. |
| … remains unclear | » …은 아직도 밝혀지지 않았다. |
| There has been a growing interest in … | » …에 대한 관심이 늘고 있다. |

### 3.1.2.3. 연구의 초점 및 목적

　서론에서 반드시 밝혀야 할 사항이 연구의 초점과 목적이다.

| | |
|---|---|
| This paper focuses on … | » 본 연구는 …에 초점을 맞춘다. |
| The purpose of this study is … | » 본 연구의 목적은 …이다. |
| This paper aims to … | » 이 논문은 …을 목적으로 한다. |

❖ 예문 ❖

▶ Epidemiological studies have reported that more than a half of acne patients have sequelae with remnant scars.[1, 2-4] While facial scarring is known to cause emotional depression and psychosocial stresses,[5] despite a variety of therapies including surgical techniques, chemical peels, and laser treatments, acne scarring is usually left untreated. This is because the treatments have limited efficacies with concurrent side effects.[3,6,7] Therefore, a multimodality approach tailored to scar type is generally required to achieve satisfactory results.

» 전염병학 연구 보고에 따르면 여드름 환자의 절반 이상이 흉터로 인한 후유증에 시달린다고 한다. 피부 표면에 함몰된 여드름 흉터는 우울증 및 사회심리적 스트레스를 유발한다고 알려져 있는데, 여드름 흉터의 치료를 위한 외과적 기술, 화학적 박피 및 레이저 치료를 포함한 다양한 방법이 제시되었음에도 불구하고, 여드름 흉터는 대개 치료되지 않은 채 남게 된다. 이것은 부작용 치료법의 효능에 한계가 있기 때문이다. 따라서 만족스러운 결과를 얻기 위해서는 전반적으로 흉터 유형에 따른 맞춤형의 복합적 접근법이 요구된다.

References_

1. Layton AM, Henderson CA, Cunliffe WJ. A clinical evaluation of acne scarring and its incidence. Clin Exp Dermatol. 1994 Jul;19(4):303-8.

2. Goodman GJ. Acne and acne scarring: why should we treat? Med J Aust. 1999 Jul 19;171(2):62-3.

3. Jacob CI, Dover JS, Kaminer MS. Acne scarring: a classification system and review of treatment options. J Am Acad Dermatol. 2001 Jul;45(1):109-17.

4. Hayashi N, Miyachi Y, Kawashima M. Prevalence of scars and "mini-scars", and their impact on quality of life in Japanese patients with acne. J Dermatol. 2015 Jul;42(7):690-6.

5. Dréno B, Tan J, Kang S, Fueda MJ, Torres Lozada V, Bettoli V, Layton AM. How people with facial acne scars are perceived in society: an online survey. Dermatol Ther. 2016 Jun;6(2):207-18.

6. Lanoue J, Goldenberg G. Acne scarring: a review of cosmetic therapies. Cutis. 2015 May;95(5):276-81.

7. Rivera AE. Acne scarring: a review and current treatment modalities. J Am Acad Dermatol. 2008 Oct;59(4):659-76.

※ 설명_ 이 글은 의학 논문의 서론 일부를 발췌한 것이다.

◆ 연구의 배경이 밝혀졌는가?

첫 번째 문장에서 연구의 배경이라 할 수 있는 여드름 환자의 흉터에 관한 기존 연구의 결과를 밝히고 있다.

(1) Epidemiological studies have reported that more than a half of acne patients have sequelae with remnant scars.

» 전염병학 연구 보고에 따르면 여드름 환자의 절반 이상이 흉터로 인한 후유증에 시달린다고 한다.

◆ 연구의 필요성 및 기존 연구와의 차별성이 드러나는가?

두 번째 문장과 세 번째 문장에서는 여드름 흉터가 지속될 때의 후유증과 기존의 치료법이 지닌 한계를 지적함으로써 본 연구의 필요성을 드러낸다.

(2) While facial scarring is known to cause emotional depression and psychosocial stresses, despite a variety of therapies including surgical techniques, chemical peels, and laser treatments, acne scarring is usually left untreated.

» 피부 표면에 함몰된 여드름 흉터는 우울증 및 사회심리적 스트레스를 유발하는 것으로 알려져 있는데, 여드름 흉터의 치료를 위해 외과적 기술, 화학적 박피 및 레이저 치료를 포함한 다양한 방법이 제시되었음에도 불구하고, 여드름 흉터는 대개 치료되지 않은 상태로 남는다.

(3) This is because the treatments have limited efficacies with concurrent side effects.

» 이것은 부작용 치료법의 효능에 한계가 있기 때문이다.

네 번째 문장에서는 이 연구의 초점인 복합적 치료법의 필요성을 제시한다.

(4) Therefore, a multimodality approach tailored to scar type is generally required to achieve satisfactory results.

» 따라서 만족스러운 결과를 얻기 위해서는 전반적으로 흉터 유형에 따른 맞춤형의 복합적 접근법이 요구된다.

## 3.1.3. 본론

본론에서는 구체적인 연구 방법론 및 연구 결과 등 본 연구의 실질적인 정보를 담는다. 본론은 2개 이상의 단락이 모여서 이루어지는 것으로 이들 단락 간의 논리적 연결이 매우 중요하다.

### 3.1.3.1. 문단 간의 논리적 전개

동일한 주제를 다루는 단락 내에서 문단과 문단의 관계를 설정할 때에는 두 가지 요소를 고려해야 한다.

- 첫째, 두 문단이 유기적으로 연결되어야 한다. 주제에서 벗어나거나 앞 문단과 모순이 되는 내용을 후속 문단에서 다루어서는 안 된다.
- 둘째, 뒤에 오는 문단은 앞 문단의 주장이나 요점에서 논리적으로 한 단계 진전된 내용을 담고 있어야 한다. 한 문단 내에서의 논리도 문장과 문장이 벽돌을 쌓는 방식으로 구축되듯이, 문단과 문단의 관계도 일정한 방향성을 갖고 단계적으로 짜임새 있게 발전되어 나가야 한다. 이때 방향성이란 연구의 취지와 과정, 결과라는 전체적인 틀 안에서 글이 흘러가는 논리적 지향점이다.

❖ 예문 ❖

▸ The median life-span of domestic dogs ranges between 7 and 15 years, depending on the breeds, with that of the Afghan hound being 11.9 years[11]. Tai, the cell donor for Snuppy, was raised as a companion animal at a home and was euthanized at the owner's request following the diagnosis of hemangiosarcoma at 12 years of age. On the other hand, Snuppy was raised as a laboratory animal in an animal facility at Seoul National University and died while undergoing anticancer treatment at 10 years of age. Despite the different housing environment, Snuppy lived a life that is similar to its cell donor Tai and did not exhibit any health problems until being diagnosed with T-cell lymphoma at 9 years of age. Cancer is common in aged dogs of all breeds, accounting for 27% of all deaths in purebred dogs[11] and 45% of deaths in dogs over 10 years of age[12]. Although cancer is a multifactorial disease, there is a breed predisposition for certain types of cancers suggesting a genetic component[13]. For example, Irish water spaniels and flat-coated retrievers are reported to have the highest cancer-driven mortality with more than 50% of each breed dying from cancer[11]. The Afghan hound is reported to have a mortality rate from cancer of 30.8%, with osteosarcoma being overrepresented[11]. For now, it is not known whether a potential genetic predisposition that might have led to hemangiosarcoma in Tai was involved in the development of T-cell lymphoma in Snuppy; any predisposition for cancer in Tai's family cannot be determined because all the littermates of Tai died due to accidents before they were 8 years of age, at ages before most cancers commonly develop.

» 가정에서 기르는 개의 평균 수명은 견종에 따라 7~15년인데 아프간하운드의 평균 수명은 11.9년이다. 스너피의 세포 기증자인 타이는 가정에서 반려동물로 키우다가 열두 살 때 혈관 육종 진단을 받은 후 주인의 요청에 따라 안락사되었다. 반면, 스너피는 서울대학 축사에서 실험실 동물로 키웠고, 10살 때 항암치료를 받던 중 사망했다. 서로 다른 주거 환경에도 불구하고 스너피는 세포 기증자인 타이와 비슷한 삶을 살았으며, 아홉 살 때 T세포 림프종 진단을 받을 때까지 건강에 문제가 없었다. 암은 모든 견종의 늙은 개에게 나타나는 흔한 병으로서 순종견의 경우 사망원인의 27퍼센트를, 열 살 이상인 개의 경우 사망원인의 45퍼 센트를 차지한다. 암이 복합적 요인을 지닌 병이라 해도, 특정 유형의 암에 걸리기 쉬운 견종 상의 소인이 있는데 이는 암의 발병에 유전적 요소가 작용한다는 것을 암시한다. 예를 들어, 아이리시 워터 스패니얼과 플랫 코티드 리트리버는 두 견종 모두 50퍼센트 이상이 암으로 죽을 만큼 암으로 인한 사망률이 가장 높은 것으로 보고되어 있다. 아프간하운드의 경우 암 사망률이 30.8퍼센트로서 골육종이 과다하게 나타나는 것으로 보고되고 있다. 현재 로서는, 타이에게 혈관육종을 야기했을지도 모르는 잠재적인 유전적 소인이 스너피의 T세포 림프종 발병과 관련이 있는지에 대해 알려진 바가 없다. 타이와 함께 태어난 형제들이 암이 발병되는 여덟 살 이전에 모두 사고로 죽었기 때문에, 타이 가계에 암을 일으키는 어떠한 유전적 소인에 대해서도 확인된 바가 없다.

▸ The suggestion that cloned animals might have a reduced lifespan was made when Dolly died at 6 years of age, and the early deaths of cloned mice was reported[14]. However, successful serial recloning in mice over multiple generations[15] as well as a normal healthy age span of recloned sheep derived from Dolly[16] were subsequently reported. Up to now, except for Dolly and

Cumulina (the first cloned mouse), the lifespan of the world's first cloned animals of other species has not been reported, and there are a lack of reports comparing the lifespan of clones that of their cell doners. Longevity studies using farm animals is suggested to be somewhat problematical due to the occurrence of accidents, accident-associated infections, inappropriate management, diarrhea, pneumonia, etc.[17]. In fact, Dolly died due to one of those problems, and thus, longevity of the world's first cloned sheep could not be compared to her cell donor. This makes comparing Snuppy with the cell donor and investigation of the longevity of the recloned dogs especially valuable.

» 복제동물의 수명이 단축될 가능성은 돌리가 여섯 살에 죽고, 복제된 생쥐가 조기 사망했을 때 제시되었다. 그러나 그 이후, 다세대에 걸친 생쥐의 성공적인 재복제와 돌리로부터 재복제된 양의 정상적이고 건강한 수명이 보고된 바 있다. 지금까지, 돌리와 큐물리나(최초의 재복제 생쥐)를 제외하고는 세계 최초로 복제된 다른 동물의 수명은 보고된 적이 없으며, 복제동물의 수명과 그들의 세포 기증자를 비교하는 보고서도 부족하다. 가축을 이용한 장수 연구는 사고의 발생, 사고관련 감염, 부적절한 관리, 설사, 폐렴 등으로 인해 다소 문제가 있는 것으로 추정되고 있다. 실제로 돌리가 이러한 문제들 중 하나로 사망했기 때문에 세계 최초 복제 양의 수명을 그 세포기증자와 비교할 수 없었다. 이런 이유로 스너피와 그 세포 기증자를 비교하고 재복제견의 수명을 연구하는 일은 특히 가치가 높다.

▸ To immortalize the milestone achievement of cloning a dog and to provide the genetic resources for further research, we recloned Snuppy. Adipose-derived mesenchymal stem cells (ASCs) taken from Snuppy at five years of age were used for the recloning. A total of 120 oocytes matured *in vivo* were recovered from female donors by flushing their oviducts, and the ASCs developed from Snuppy were injected into the perivitelline space of 112 enucleated oocytes, of which 97 couplets were fused and activated. In keeping with our previous report that dog ASCs cultured with Dulbecco's Modified Eagle Medium (DMEM) increased the fusion rate of dog to that of cow interspecies SCNT[18], ASCs cultured with DMEM produced an improved mean fusion rate of 86.6% (range 75.0%-100.0%) from our previously achieved mean rate of 67.2% (range 46.7-85.0%, unpublished data) in dog to dog SCNT. A total 94 reconstructed SCNT embryos were transferred to the oviducts of seven naturally synchronized recipient dogs. Interestingly, all three recipients, that received 13, 13, and 14 cloned embryos on the same day, were confirmed to be pregnant by ultrasonography after 26 days, and four clones were born by Caesarian section 59 days later. Pregnancy and delivery rates for the reclones were 42.9% (3 dogs from 7 recipients) and 4.3% (4 clones from 94 embryos), respectively, which compared favorably with the results when Snuppy was cloned of 2.4% and 0.2%, respectively. All the reclones were healthy when delivered and had normal morphology. The birth weights were 410, 480, 490, and 500g, which is within the normal range for this breed. Unfortunately, one reclone died 4 days after birth due to severe diarrhea for which the etiology was not identified. Perinatal mortality in dogs is relatively common and has been reported to occur in between 13.3% and 24.6% of litters[19, 20]. So the early neonatal death of one puppy from our litter of reclones is similar to what would commonly occur in a regular litter of puppies. At the time of writing this report, the other three reclones are 9 months of age, of similar weights and remain healthy (Fig. 1). Microsatellite analysis confirmed that they were reclones of Snuppy (see Supplementary Table 1).

» 개복제라는 획기적인 성과를 영구히 기념하고 후속 연구를 위한 유전자 자원을 제공하기 위해 우리는 스너피를 재복제했다. 다섯 살 된 스너피의 몸에서 채취한 지방유래 중간엽 줄기세포를 재복제에 사용했다. 기증자인 암캐의 난관을 씻어내리는 방법으로 확보된, 체내에서 성숙한 총 120개의 난모세포와 스너피에서 추출된 줄기세포를 핵이 제거된 난모세포 112개의 난황 주변부에 주입했는데, 그 중 97쌍이 융합되고 활성화되었다. 우리가 이전에 Dulbecco 's Modified Eagle Medium(DMEM)으로 배양한 개의 줄기세포가 개의 융합률을 암소 간종의 체세포 핵치환 수준으로 증가시킨다고 보고했던 것과 마찬가지로, DMEM으로 배양된 줄기세포로 인해 이전에 개와 개의 체세포 핵치환에 나타났던 평균 67.2퍼센트(46.7-85.0퍼센트 범위, 미공개 자료)의 융합률이 86.6퍼센트(75.0-100.0퍼센트 범위)로 향상되는 결과가 나타났다. 총 94개의 재조직된 줄기세포 배아를 7마리의 자연적으로 동기화된 개의 난관에 이식했다. 26일 후 실시한 초음파검사 결과, 흥미롭게도 같은 날 각각 13개, 13개, 14개의 복제된 배아를 이식받은 세 마리의 개 모두가 임신한 것으로 확인뇌었고, 59일 후 제왕절개로 네 마리의 복제견이 태어났다. 재복제 임신율과 출산율은 각각 42.9퍼센트(7마리 개 중에 3마리)와 4.3퍼센트(94개 배아에서 4마리 복제)였는데, 이는 스너피 복제 때 2.4퍼센트와 0.2퍼센트였던 임신율과 출산율과 비교할 때 고무적이다. 재복제견은 모두 태어날 때 건강했고 정상적인 형태였다. 출생 시 체중은 410그램, 480그램, 490그램, 500그램으로 이 견종의 정상적인 범위에 들어간다. 불행히도, 재복제견 한 마리는 원인불명의 심한 설사로 출생 4일 후 사망하였다. 개의 주산기 사망률은 비교적 흔한데 같은 형제의 사망률은 13.3퍼센트에서 24.6퍼센트 사이로 보고된 바 있다. 따라서 우리의 재복제 강아지 중 한 마리가 신생아기에 사망한 것은 정상적인 강아지 형제에서 흔히 발생할 수 있는 상황과 유사

하다. 이 보고서가 작성되고 있는 현재, 재복제 강아지 세 마리의 나이는 9개월이며, 비슷한 몸무게와 양호한 건강상태를 유지하고 있다(그림 1). 미소부수체 분석 결과, 이 강아지들은 스너피의 재복제견임이 확인되었다(추가 표 1 참조).

References_

11. Adams, V., Evans, K., Sampson, J. & Wood, J. Methods and mortality results of a health survey of purebred dogs in the UK. *J. Small Anim. Pract.* **51**, 512–524 (2010).

12. Bronson, R. Variation in age at death of dogs of different sexes and breeds. *Am. J. Vet. Res.* **43**, 2057–2059 (1982).

13. Dobson, J. M. Breed-predispositions to cancer in pedigree dogs. *ISRN Vet. Sci.* **2013**, 1275-1298 (2013).

14. Ogonuki, N. *et al.* Early death of mice cloned from somatic cells. *Nat. Genet.* **30**, 253 (2002).

15. Wakayama, S. *et al.* Successful serial recloning in the mouse over multiple generations. *Cell Stem Cell.* **12**, 293–297 (2013).

16. Sinclair, K. D. *et al.* Healthy ageing of cloned sheep. *Nat. Commun.* **7**, 12359 (2016).

17. Burgstaller, J. P. & Brem, G. Aging of cloned animals: A mini-review. *Gerontology.* **63**, 417–425 (2017).

18. Kim, G. A. *et al.* Effect of culture medium type on canine adipose-derived mesenchymal stem cells and developmental competence of interspecies cloned embryos. *Theriogenology.* **81**, 243–249 (2014).

19. Tønnessen, R., Borge, K. S., Nødtvedt, A. & Indrebø, A. Canine perinatal mortality: a cohort study of 224 breeds. *Theriogenology.* **77**, 1788–1801 (2012).

20. Johnston, S. D., Kustritz, M. V. & Olson, P. S. *Canine and feline theriogenology* (Saunders, 2001).

출처_ Kim, M. J., Oh, H. J., Kim, G. A., Setyawan, E. M. N., Choi, Y. B., Lee, S. H., Petersen-Jones, S. M., Ko, C. J., & Lee, B. C. (2017). Birth of clones of the world's first cloned dog. *Scientific Reports*, *7*, 15235(2017). doi:10.1038/s41598-017-15328-2

※설명_ 이 글은 《사이언티픽 리포트》에 실린 세계 최초의 재복제견에 대한 연구논문 중 본론(연구 결과 및 논의)에 해당하는 세 문단을 발췌한 것이다.

◆ 세 문단이 유기적으로 연결되어 있는가?

◆ 뒷 문단이 앞 문단보다 논리적으로 한 단계 진전된 내용을 담고 있는가?

첫 번째 문단은 이 논문의 핵심 내용인 복제견 스너피와 그의 세포 기증자인 타이를 소개하면서 둘은 생장 환경이 달랐음에도 불구하고 비슷한 삶을 살았다는 점을 보고한다. 스너피와 타이가 둘 다 암으로 죽었지만, 타이에게 암을 일으킨 유전적 소인이 스너피의 암 발병과 확실한 관련이 없다는 점을 기존의 연구를 통해 밝힌다.

두 번째 문단의 목적은 재복제동물의 수명에 대한 연구의 중요성을 언급함으로써 앞 문단에서 소개한 스너피와 타이에 대한 비교연구의 가치를 밝히는 것이다. 먼저, 재복제된 생쥐와 양의 경우를 예로 들어, 그동안 복제동물의 수명에 대한 연구 및 복제 동물과 세포 기증자에 대한 비교연구가 부족했음을 지적한다. 이를 통해 스너피와 타이의 수명에 대한 연구가 얼마나 중요한지 강조한다.

세 번째 문단의 핵심 내용은 본 연구가 진행한 복제견 스너피의 재복제 방법, 과정, 결과이다. 암캐에서 난모세포를 채취하고 주입한 방법, 재복제견의 임신율, 출산율, 주산기 사망률을 구체적인 수치를 들어 설명한다. 마지막으로, 본 연구의 결과물인 재복제 강아지 세 마리의 양호한 건강 상태를 보고한다.

▸ Most of us have heard of solar water heaters. Now, there's a solar water cooler, and the technology may sharply lower the cost of industrial-scale air conditioning and refrigeration.

» 우리 대부분은 태양열 온수기에 대해 들어본 적이 있다. 이제는 태양열 냉각기가 등장하였고, 이 기술로 인해 산업용 냉방 및 냉장 비용이 크게 낮아질 전망이다.

▸ The new water coolers are panels that sit atop a roof, and they're made of three components. The first is a plastic layer topped with a silver coating that reflects nearly all incoming sunlight, keeping the panel from heating up in the summer sun. The plastic layer sits atop the second component, a snaking copper tube. Water is piped through the tube, where it sheds heat to the plastic. That heat is then radiated out by the plastic at a wavelength in the middle region of the infrared (IR) spectrum, which is not absorbed by the atmosphere and instead travels all the way to outer space. Finally, the whole panel is encased in a thermally insulating plastic housing that ensures nearly all the heat radiated away comes from the circulating water and not the surrounding air.

» 이 새로운 냉각기는 지붕 위에 얹는 패널로서, 세 가지 부품으로 구성되어 있다. 첫 번째는 들어오는 햇빛을 거의 모두 반사하는 은색 코팅이 된 플라스틱층으로서, 여름 햇볕에 패널이 가열되는 것을 방지한다. 이 플라스틱층은 두 번째 구성요소인 뱀 모양의 구리관 표층이다. 물이 이 관을 통과하면서 플라스틱 쪽으로 열을 방출한다. 플라스틱은 이 열을 적외선(IR) 스펙트럼 중간 영역의 파장에서 외부로 방출시키는데, 이때 이 열은 대기에 흡수되지 않고 외부공간으로 죽 이동한다. 마지막으로, 패널 전체가 방열 플라스틱 케이스에 들어 있어서 방출되는 열의 대부분은 주변 공기가 아닌 순환하는 물에서 발생한다.

▸ Researchers at Stanford University in Palo Alto, California, recently placed three water cooling panels—each 0.37 square meters—atop a building on campus and circulated water through them at a rate of 0.2 liters every minute. They report today in *Nature Energy* that their setup cooled the water as much as 5°C below the ambient temperature over 3 days of testing. They then modeled how their panels would behave if integrated into a typical air conditioning unit for a two-story building in Las Vegas, Nevada. The results: Their setup would lower the building's air conditioning electrical demand by 21% over the summer.

» 캘리포니아주 팔로알토시에 있는 스탠퍼드대학 연구원들은 최근 캠퍼스 내 건물 꼭대기에 0.37제곱미터의 냉각패널 3개를 설치하고, 분당 0.2리터의 속도로 물을 순환시켰다. 그들은 3일간 진행된 실험에서 이 장치가 물의 온도를 주변보다 섭씨 5°까지 낮추었다고 오늘 ≪네이처 에너지≫에 보고했다. 그 후 연구원들은 그 패널이 네바다주 라스베이거스시의 2층짜리 건물에서 쓰이는 전형적인 에어컨에 부착되면 어떻게 작동하는지 가상모델을 통해 보여주었다. 여름철 이 건물의 에어컨에 필요한 전기수요가 21퍼센트 감소할 것이라는 결과가 나왔다.

▶ "It's an excellent paper," says Ronggui Yang, a mechanical engineer at the University of Colorado in Boulder, who earlier this year reported the development of a plastic film that cools everything it touches up to 10°C. Because the plastic IR-emitting materials are commercially available in large quantities, it shows that the technology has the potential to be scaled up. Yang says, "It shows a promising direction for real world use."

» 보울더시에 있는 콜로라도대학의 기계공학자 롱귀 양은 "이것은 훌륭한 논문입니다"라고 말했는데, 그는 올해 초에 접촉에 의해 모든 물건을 최대 섭씨 10°까지 식혀주는 플라스틱 필름을 개발했다고 발표한 적이 있다. 이 논문은 적외선을 방출하는 플라스틱 물질의 상업적인 대량 구입이 가능하기 때문에 이 기술의 규모가 확대될 잠재력이 매우 높다는 것을 보여준다. 롱귀 양은 "이는 실제 사용이 가능한 방향을 보여주고 있습니다"라고 말했다.

▶ Aaswath Raman, a physicist and member of the Stanford team, says that since conducting this initial experiment, he and his colleagues formed a startup company called SkyCool Systems in Burlingame, California, to commercialize the technology. The company has scaled up the panels to 1.65 square meters each, and is now conducting a larger field trial in Davis, California. Because cooling systems consume roughly 15% of all electricity and account for 10% of global greenhouse gas emissions, Raman says, the new water coolers could make a dramatic impact on global energy use.

» 물리학자이자 스탠퍼드대 연구팀의 멤버인 아스와트 라만은 최초로 이 실험을 수행한 이후 동료들과 함께 이 기술의 상용화를 위해 캘리포니아주 벌링게임시에 '스카이쿨 시스템'이라는 신생 회사를 설립했다고 밝혔다. 이 회사는 각 패널을 1.65제곱미터로 확장해, 현재 캘리포니아주 데이비스시에서 대규모 현장 실험을 진행 중이다. 라만에 따르면, 냉각시스템은 모든 전기의 약 15퍼센트를 소비하고 전 세계 온실가스 배출량의 10퍼센트를 차지하기 때문에 이 새로운 냉각기가 전 세계 에너지 사용에 극적인 영향을 미칠 수 있다고 한다.

◆ 문단들이 유기적으로 연결되어 있는가?

◆ 뒷 문단이 앞 문단보다 논리적으로 한 단계 진전된 내용을 담고 있는가?

첫 번째 문단은 논문의 핵심 내용인 새로운 태양열 냉각기의 등장과 이의 산업적 활용에 대해 소개한다.

두 번째 문단은 앞 문단에서 소개된 새로운 냉각기의 구조를 구체적으로 설명한다. 냉각기를 구성하는 세 가지 부품을 설명하고 어떠한 과정을 통해 태양열이 방출되는지 설명한다.

세 번째 문단은 이 냉각기의 효과를 증명하기 위해 실제로 시험해본 내용을 보고한다. 스탠퍼드대학에서 진행된 실험의 방법과 결과를 구체적으로 설명한다. 사용된 냉각기 패널의 개수, 위치, 진행 시간 및 냉각에 의한 물의 온도 변화를 수치와 함께 제시한다. 마지막으로, 이 실험 결과의 의미, 즉 실제 생활에 활용될 경우에 발생할 효과와 영향력을 언급한다.

네 번째 문단에서는 이 냉각기의 효과와 상용 가능성을 강조하기 위해 첫째, 기계공학 전문가의 의견을 인용한다. 둘째, 냉각기의 재료의 대량 구입이 가능하다는 점을 밝힘으로써 상용화 가능성이 매우 높다는 점을 강조한다.

다섯 번째 문단은 이 냉각기의 상용화를 증명하는 예로서 신생 회사를 소개한다. 그리고 이 회사가 진행 중인 대규모 현장 실험을 언급한다. 마지막으로, 이 실험의 결과가 가져올 에너지 절약 효과를 통계자료를 활용하여 강조한다.

## 3.1.4. 결론

결론은 데이터를 분석 정리한 결과 및 그 결과에 대한 논의와 함의를 다루는 부분이다. 서론에서 밝힌 중요한 발견이나 주장 및 기존 연구와의 차별성을 다시 한번 강조한다. 이때 논문의 요지를 반복적으로 강조하는 서술법이 필요하다.

결론은 논문의 기여도를 밝히는 한편, 연구의 성격에 따라 연구 결과가 앞으로 어떻게 응용될 수 있는지 가능성을 제시해 주기도 한다. 아래에서는 연구 결과의 요약, 기존 연구와의 차별성 강조, 연구의 기여도 설명, 연구 결과의 응용 가능성 및 연구의 한계점을 밝히는 데 유용한 표현을 제시한다.

### 3.1.4.1. 연구 결과의 요약

결과를 요약할 때에는 과거형 동사를 쓴다.

| | |
|---|---|
| In this study, ⋯ was examined. | » 본 연구에서는 ⋯을 살펴보았다. |
| In this study, we found ⋯ | » 본 연구에서 우리는 ⋯을 발견했다. |
| In this study, we tested ⋯ | » 본 연구에서 우리는 ⋯을 시험해보았다. |

결과나 결론을 쓸 때에는 다음과 같은 부사구를 함께 사용하면 좋다.

| 연구 결과를 가리키는 부사구 | |
|---|---|
| accordingly | » 따라서 |
| as a result | » 결과적으로 |
| consequently | » 결과적으로 |
| therefore | » 따라서 |
| eventually | » 결국 |
| in the end | » 결국 |
| ultimately | » 궁극적으로 |
| hence | » 이러한 이유로 |
| thus | » 이렇게 하여 |

| 논문의 결론을 가리키는 부사구 | |
|---|---|
| in brief | » 간단히 말해서 |
| in short | » 요컨대 |
| in sum | » 요약컨대 |
| to summarize | » 요약하자면 |
| in conclusion | » 결론적으로 |
| to conclude | » 결론적으로 |

### 3.1.4.2. 기존 연구와의 차별성 강조

연구 결과가 기존 연구와 동일하거나 유사한 경우도 있고, 그 반대로 전혀 다른 경우도 있다. 연구의 창의성을 강조하는 한 가지 방법은 기존 연구와의 차별성을 최대한 강조하는 것이다. 이런 경우, 아래에 제시된 어구와 더불어 부록의 〈1.4 기존 연구와의 연관성을 설명하는 동사〉에 나오는 동사 목록을 참고하도록 한다.

| | |
|---|---|
| Our findings expand on … | » 본 연구의 결과는 …에 대한 (이해)를 넓힌다. |
| Our findings support … | » 본 연구의 결과는 …을 뒷받침한다. |
| The results of this examination contradict … | » 이 실험의 결과는 …을 반박한다. |

### 3.1.4.3. 연구의 기여도 설명

연구 결과가 학계에 어떤 공헌을 하는지 설명할 때에, 좁게는 자신의 연구가 기존의 지식을 얼마나 구체적으로 진전시켰는지 밝히고, 넓게는 관련 분야나 학계 전반에 얼마나 포괄적인 기여를 했는지에 초점을 맞춘다.

| | |
|---|---|
| Our results provide compelling evidence that … | » 본 연구의 결과는 …에 대한 강력한 증거를 제공한다. |
| Our findings contribute to … | » 본 연구의 결과는 …에 기여한다. |
| This study provides a framework for … | » 이 연구는 …의 뼈대를 제공한다. |

### 3.1.4.4. 응용 가능성의 제시

연구 결과의 응용 가능성은 후속 연구의 방향, 연구 결과의 보강을 위한 추후의 임상 실험 및 상업화 등을 포함한다. 이런 가능성을 제시할 때에는 'can', 'will', 'may' 등과 같은 조동사를 적절하게 활용한다. 이 책 부록의 〈1.5 조동사의 활용〉 부분도 참고하도록 한다.

| | |
|---|---|
| Our examination can be applied to ⋯ | » 본 실험은 ⋯에 응용될 수 있다. |
| This method has potential in ⋯ | » 이 방법은 ⋯에 잠재력을 지니고 있다. |
| This product could be implemented as ⋯ | » 이 결과물은 ⋯로 시행될 수도 있다. |

### 3.1.4.5. 연구의 한계점

연구를 수행하는 과정에서 여건상 다루지 못한 요소를 밝히거나 연구 결과가 적용될 수 있는 범위를 지정하는 것도 논문에 대한 비판을 미리 방지하는 한 가지 방법이다.

| | |
|---|---|
| The findings of this study are restricted to ⋯ | » 본 연구의 결과는 ⋯에 한정된다. |
| The limitation of this study is ⋯ | » 본 연구의 한계는 ⋯이다. |
| Future work should ⋯ | » 향후 연구는 ⋯를 해야 한다. |

▸ The world's first cloned dog, Snuppy, had a life-span that was very similar to that of his somatic cell donor. He did not exhibit any notable health problems until the development of cancer, which was also diagnosed in his cell donor at a similar age. Three healthy reclones of Snuppy are alive, and as with Snuppy we do not anticipate that the reclones will go through an accelerated rate of aging or will be more prone to develop diseases than naturally bred animals. With the data from Tai and Snuppy in hand, we are excited to follow the long-term health and aging processes of these second-generation clones and work with them to contribute to a new era of studying longevity of cloned canines. Given their histories, both Tai and Snuppy may also provide potential insights into the development of cancer.

» 세계 최초의 복제견인 스너피는 그의 체세포 기증자와 매우 비슷한 수명을 누렸다. 스너피는 암 진단을 받을 때까지는 특별한 건강상의 문제를 보이지 않았는데, 스너피에게 세포를 기증한 개 역시 비슷한 나이에 암 진단을 받았었다. 스너피로부터 복제된 세 마리의 개는 현재 살아 있는데, 우리는 스너피의 경우와 마찬가지로, 이 복제견들이 자연스럽게 생육된 동물보다 더 빠른 속도로 노화하거나 발병할 가능성이 높으리라 예상하지 않는다. 우리는 타이와 스너피의 데이터를 이용해 2세대 복제동물의 건강 상태 및 노화 과정을 장기간에 걸쳐 추적할 예정이며, 또한 이들에 대한 실험을 통해 복제견 수명 연구의 새로운 시대를 여는 데 기여할 것이다. 타이와 스너피는 또한 그들 삶의 역사를 통해 암 발병에 대한 잠재적인 통찰력을 제공해줄 수도 있다.

출처_ Kim, M. J., Oh, H. J., Kim, G. A., Setyawan, E. M. N., Choi, Y. B., Lee, S. H., Petersen-Jones, S. M., Ko, C. J., & Lee, B. C. (2017). Birth of clones of the world's first cloned dog. *Scientific Reports*, *7*, 15235(2017). doi:10.1038/s41598-017-15328-2

※ 설명_ 이 글은 ≪사이언티픽 리포트≫에 실린 세계 최초의 재복제견에 대한 연구논문의 결론 부분이다.

◆ 연구 결과가 요약되어 있는가?

첫 두 문장에 연구 결과가 요약되어 있다.

첫 번째 문장은 스너피와 타이의 수명이 비슷했다는 결론을 담고 있다.

(1) The world's first cloned dog, Snuppy had a life-span that was very similar to that of his somatic cell donor.

두 번째 문장은 스너피가 건강했으며 타이와 비슷한 나이에 암 진단을 받았다는 사실을 요약한 것이다.

(2) He did not exhibit any notable health problems until the development of cancer, which was also diagnosed in his cell donor at a similar age.

◆ 기존 연구와의 차별성이 강조되어 있는가?

앞 예문은 다섯 문장으로 이루어진 하나의 문단이다. 결론으로서는 비교적 짧은 문단이어서 기존 연구와의 차별성을 특별히 강조하지 않고 있다. 재복제견에 대한 기존의 연구가 없기 때문일 수도 있다.

◆ 연구의 기여도를 설명하고 있는가?

다섯 문장 중 마지막 세 문장에 언급되어 있다.

세 번째 문장은 이 연구를 통해 스너피의 재복제견들이 스너피와 비슷한 수명을 누리리라는 점을 밝히고 있다.

(3) Three healthy reclones of Snuppy are alive, and as with Snuppy we do not anticipate that the reclones will go through an accelerated rate of aging or will be more prone to develop diseases than naturally bred animals.

네 번째 문장에서는 본 연구가 복제견의 수명 연구에 기여했음을 밝힌다.

(4) With the data from Tai and Snuppy in hand, we are excited to follow the long-term health and aging processes of these second-generation clones and work with them to contribute to a new era of studying longevity of cloned canines.

다섯 번째 문장은 본 연구가 장차 복제견의 암 연구에 기여할 것이라 예상하는 문장이다.

(5) Given their histories, both Tai and Snuppy may also provide potential insights into the development of cancer.

◆ 연구의 응용 가능성을 제시하고 있는가?

이 논문의 성격상 응용 가능성을 제시하지는 않는다.

◆ 연구의 한계를 밝히고 있는가?

연구의 성격상 구체적인 한계를 밝힐 필요가 없으므로 이 논문에서는 밝히지 않고 있다.

## 3.1.5. 참고문헌

학술 논문이란 해당 주제에 대해 선행 연구자들이 이룩해놓은 연구업적에 기초하여 작성되는 것이다. 따라서 자신의 연구의 타당성을 뒷받침하기 위해서는 먼저 다른 연구자들이 발표한 논문을 검색하고 공부하는 것이 선행되어야 하며, 그 가운데 논문 주제와 직접 관련이 있는 연구는 자신의 논문에 인용하게 된다. 이렇게 본문 내에 언급된 기존 연구들을 정리하여 논문의 맨 마지막에 참고문헌으로 제시한다. 참고문헌을 정리할 때에는 반드시 학술지에서 정해놓은 규칙을 따라야 한다.

참고문헌에 포함되는 서지정보는 학술지마다 대략 비슷하지만, 해당 학계의 전통이나 개별 학술지의 내규에 따라 참고문헌의 양식이 다를 수 있다. 그러므로 논문을 투고하기 전에 반드시 학술지의 세부적인 지침을 확인해야 한다. 참고문헌이 지정된 양식을 따르지 않을 경우, 논문심사 또는 출판을 거절당할 수 있기 때문이다.

### 3.1.5.1. 참고문헌 작성 시 주의사항

■ 논문에 언급된 모든 참고문헌이 포함되어있는가? 논문에 언급되지 않은 문헌은 참고문헌에 싣지 않는다.
■ 참고문헌은 반드시 2인 이상이 이중으로 확인하는 것이 좋다. 참고문헌은 구두점과 같은 사소한 부분에서도 실수가 생길 가능성이 많으므로, 여러 번 확인을 하는 것이 좋다.
■ 참고문헌의 정보를 다른 논문에서 재인용할 경우, 내용이 맞는지 반드시 원문을 확인해야 한다. 잘못된 출판정보나 업데이트되지 않은 정보가 있을 수 있기 때문이다.

### 3.1.5.2. 참고문헌 작성법

참고문헌은 단행본, 학술지에 게재된 논문, 출판을 준비 중인 논문 등이 있고, 최근에는 인쇄물 형태가 아니라 인터넷에 공개되어있는 정보일 경우도 있다. 참고문헌의 형태에 따라 반드시 포함시켜야 할 서지정보를 아래에 나열한다.

여기에서는 화학 분야에서 사용되고 있는 '미국 화학회(American Chemical Society)'의 ACS Style에 따라 예시를 들어보도록 한다.

■ 책
- 저자명, 책제목, 출판사명, 출판된 도시, 출판연도 순으로 한다.
- 저자가 복수인 경우, 모든 저자의 이름을 밝힌다. 저자의 성을 쓰고 쉼표를 찍은 뒤 이름은 첫 알파벳만 쓰고 마침표를 찍는다.
- 책제목은 이탤릭체로 쓴다.

> Anastas, P. T.; Warner, J. C. *Green Chemistry: Theory and Practice*; Oxford University Press: Oxford, 1998.

■ 학술지에 실린 논문
- 저자명, 학술지명 약자, 출판연도, 권, 논문의 첫 페이지 순으로 한다.
- 논문제목, 학술지명 전체, 논문의 호와 페이지 전체 정보를 포함할 수 있다.
- 학술지명과 권 정보는 이탤릭체로 쓴다.
- 출판연도는 진하게 볼드체로 쓴다.

> Jung, Y. J.; Garrahan, J. P.; Chandler, D. *J. Chem. Phys.* **2005**, *123*, 084509.

■ 출판 준비 중인 논문
- 저자명, 논문제목, 학술지명, 온라인 게재일자, 학술논문 표준식별자, 웹사이트 주소(URL), 접속날짜 순으로 한다.
- 이런 논문은 보통 권호와 페이지 정보가 없는 상태에서 먼저 온라인으로 발표되므로 학술지명 뒤에 [Online early access]라는 문구를 추가하고, DOI(Digital Object Identifier)라고 불리는 각 논문 고유의 '학술논문 표준식별자', 온라인 게재일자 및 웹사이트 주소를 기재한다.
- 해당 웹사이트 접속날짜를 추가한다.

Noh, C.; Jung, Y. J. Understanding the Charging Dynamics of the Ionic Liquid Electric Double Layer Capacitor via Molecular Dynamics Simulations. *Phys. Chem. Chem. Phys.* [Online early access] DOI: 10.1039/C8CP0 7200K. Published Online: Jan 24, 2019. https://doi.org/10.1039/ C8CP 07200K (accessed Jan 29, 2019).

■ 인터넷 자료
- 웹사이트 이름, 주소(URL), 접속날짜 순으로 한다.
- 학술지에 제출되지는 않았으나 연구 결과를 인터넷에 공개하는 경우가 있다. 이런 자료를 인용할 경우에는 웹사이트 주소만 밝혀도 된다.
- 논문 저자가 웹사이트에 접속하여 자료를 얻은 날짜를 밝혀야 한다.

The CP2K Developers Group. http://www.cp2k.org (accessed Jan 29, 2019).

각각 다른 참고문헌 작성법의 구체적인 내용을 확인하고자 할 때 유용한 웹사이트는 다음과 같다.

■ 미국 퍼듀대학 온라인 글쓰기 교실(Purdue University Online Writing Lab) 웹사이트: https://owl.purdue.edu/owl/purdue_owl.html
■ 미국 윌리엄스대학(Williams College) 도서관 웹사이트: https://libguides.williams.edu/citing
■ 미국 서던캘리포니아대학(University of Southern California) 도서관 웹사이트: https://libguides.usc.edu/citation

### 3.1.5.3. 참고문헌 목록 정리법

보통 참고문헌을 정리하는 방법은 두 가지가 있다.

- 첫째, 본문에 언급된 문헌의 순서대로 번호를 매겨 정리한다.
- 둘째, 알파벳 순서대로 정리한다. 이때 앞에 번호를 붙여도 된다.

가령 화학 분야에서는 '미국 화학회(American Chemical Society)'의 ACS Style에 따라, 물리학 분야에서는 '미국 물리학회(American Institute of Physics)'의 AIP Style에 따라, 전기, 컴퓨터 공학 분야에서는 '전기 전자 기술자협회(The Institute of Electrical and Electronics Engineers)'의 IEEE Style에 따라, 의학 분야에서는 '국제 의학 학술지 편집인 위원회(International Committee of Medical Journal Editors)'의 Vancouver Style에 따라 본문에 언급된 문헌의 순서대로 번호를 매겨 정리한다.

한편 자연과학 분야에서 폭넓게 사용되는 '미국 과학 학술지 편집인 협의회(The Council of Science Editors)'의 CSE Style과 수학 분야에서 사용되는 '미국 수학회(American Mathematical Society)'의 AMS Style의 경우 저자 이름(성)의 알파벳 순서대로 정리한다.

Carbery ID, Ji D, Harrington A, Brown V, Weinstein EJ, Liaw L, Cui X. 2010. Targeted genome modification in mice using zinc-finger nucleases. Genetics. 186(2): 451-459.

Ding S, Wu X, Li G, Han M, Zhuang Y, Xu T. 2005. Efficient transposition of the piggyBac (PB) transposon in mammalian cells and mice. Cell. 122(3): 473-483.

Yusa K, Rad R, Takeda J, Bradley A. 2009. Generation of transgene-free induced pluripotent mouse stem cells by the piggyBac transposon. Nat Meth. 6(5): 363-369.

같은 연구자의 참고문헌이 여러 개 있는 경우에는 이른 연도부터 순서대로 정리한다. 만약 같은 연구자가 한 해 2개 이상의 논문을 발표한 경우에는 연도 뒤에 a, b, c를 붙인다.

또한 복수의 공동논문에서 제1저자는 동일하지만 제2저자는 각 논문마다 다를 경우, 제2저자의 성에 따라 알파벳 순서대로 정리한다.

Menke DB. 2013. Engineering subtle targeted mutations into the mouse genome. Genesis. 51: 605-618.

Menke DB, Guenther C, Kingsley DM. 2008. Dual hindlimb control elements in the Tbx4 gene and region-specific control of bone size in vertebrate limbs. Development. 135: 2543-2553.

Menke DB, Mutter GL, Page DC. 1997. Expression of DAZ, an azoospermia factor candidate, in human spermatogonia. Am J Hum Genet. 60(1): 237-241.

## 3.2. 연구 윤리

연구 윤리는 논문에 정당성을 부여하는 핵심가치이며, 윤리를 준수하는 자세는 연구자의 가장 기본적인 자질이자 의무이다. 논문을 쓸 때에 기존 연구를 직·간접적으로 인용하거나 다른 말로 바꾸어 서술하는 것은 일반적인 관행이다. 이때 자신의 견해와 다른 연구자의 견해를 분명히 구분하고, 인용한 내용의 출처를 정확하게 밝히는 것이 중요하다.

아래에서는 연구 윤리의 핵심사항인 표절 문제를 먼저 다룬다. 이어서 기존 연구를 인용하거나 다른 말로 바꾸어 쓸 때 유념해야 할 점과 함께 이런 경우에 흔히 사용되는 어구들을 제시한다.

### 3.2.1. 표절

넓은 의미에서의 표절은 다른 사람의 글이나 아이디어를 마치 자신의 것인 양 속이는 모든 행위를 가리킨다. 표절은 어느 분야에서나 심각한 문제이지만 이공계에서는 더욱더 그러하다. 새로운 아이디어가 특허등록으로 이어지는 경우가 많기 때문이다.

#### 3.2.1.1. 표절의 종류

아래에서는 넓은 의미의 표절보다 과학논문이라는 제한된 테두리 안에서 이루어지는 표절의 종류와 그 기준을 살펴본다. 한국과학학술지편집인협의회가 발간한 『이공계 연구윤리 및 출판윤리 매뉴얼』(2014)의 23~27쪽에 따르면, 논문 텍스트 표절에는 크게 6가지 종류가 있다.

- 복제: 타인이 작성한 글의 많은 부분을 출처를 밝히지 않고 그대로 가져와 쓰는 경우
- 짜깁기: 타인의 글을 여기저기서 조금씩 가져와 짜깁기하여 쓰는 경우
- 말 바꾸어 쓰기: 간접인용으로 다른 사람의 아이디어나 글을 바꾸어 쓸 때 문장의 구조나 단어를 완전히 바꾸지 않고 그대로 옮기는 경우

- 잘못된 전문 인용: 직접 인용으로 다른 사람의 아이디어나 글을 소개할 때, 출처는 표시했으나 문단 전체를 그대로 옮겨오는 경우
- 포괄적 인용: 원문에서 인용한 글 각각에 대해 일일이 출처 표시를 하지 않고, 글의 맨 앞 또는 맨 뒤에서 포괄적으로 출처를 표시하는 경우
- 데이터 표절: 그림, 표, 그래프 등 다른 사람의 데이터를 그대로 가져와 사용하는 경우

표절 및 연구 윤리 관련 규정에 대한 더 상세한 설명은 한국과학학술지편집인협의회 웹사이트(https://www.kcse.org) 또는 한국연구재단 지정 연구윤리정보센터 웹사이트(https://www.cre.or.kr)를 참고하도록 한다.


### 3.2.1.2. 표절의 기준

표절의 기준은 나라마다 기관마다 다르지만, 『이공계 연구윤리 및 출판윤리 매뉴얼』에 따르면, 일반적인 기준은 출처를 밝히지 않은 모든 인용, 또한 출처를 밝히더라도 한 문장 이상을 인용한 경우로 본다.

이 기준은 일반적인 것이고 분야마다 더 세부적인 규정이나 관행이 있을 수 있으므로 논문을 작성할 때에 반드시 해당분야의 규정을 확인할 필요가 있다. 또 논문을 제출하기 전에 소속 기관 또는 학술지의 연구 윤리 기준에 개정된 부분이 있는지 점검하도록 한다. 이에 대한 자세한 설명은 『이공계 연구윤리 및 출판윤리 매뉴얼』을 참고하도록 한다.

표절과 인용의 기준을 명확하게 이해하기 위해 다음의 스웨일즈와 휘크(Swales & Feak, 2012, 198쪽)가 제시한 연습문제를 통해 어떤 경우가 표절에 해당하는지 살펴보자.

■ 다음 중 어떤 경우가 표절에 해당하는가?

1. 출처에 대한 어떤 언급도 없이 문단을 베끼는 경우

2. 동사나 형용사 몇 개를 동의어로 대체하는 등 약간의 단어만 바꾸는 방식으로 문단을 베끼는 경우

3. 원문에서 한두 문장을 빼거나 문장 순서를 바꾸는 방식으로 문단을 짜깁기한 경우

4. 다수의 원문에서 채취한 일상적인 단문에 자신의 단어 몇 개를 보태 합성한 경우

5. 표현과 문단 구조 및 세부 내용과 예문을 근본적으로 바꾸어 문단을 다시 쓴 경우

6. 직접 인용으로서 문단 전체를 별도로 떼어내 배치하고 출처를 표시한 경우

출처_ Swales, J. M., & Feak, C. B. (2012). *Academic writing for graduate students: Essential tasks and skills* (3rd ed.). Ann Arbor, MI: University of Michigan Press.

위에서 1~4번은 표절이고, 5~6번은 간접 인용 및 직접 인용의 경우로서 표절로 간주되지 않는다.

## 3.2.2. 인용

기존 연구를 밝히는 가장 흔한 방법은 원문의 인용이다. 인용에는 직접 인용과 간접 인용의 두 가지 방식이 있다. 직접 인용은 참고문헌의 원문을 전혀 바꾸지 않고 그대로 인용하는 경우를 가리킨다. 이때 반드시 인용부호(" ")를 사용해야 하고 저자와 출판정보를 밝힌다. 간접 인용은 참고문헌의 원문을 그대로 인용하지 않고, 내용은 유지하되 서술을 바꾸는 방식이다. 이 경우에도 반드시 저자와 출판정보를 밝혀야 한다.

❖ 예문 ❖

▶ According to Kim et al. (2017), "The world's first cloned dog, Snuppy, had a life-span that was very similar to that of his somatic cell donor."
  » 김민정 외 연구자(2017)에 따르면, "세계 최초 복제견인 스너피의 수명은 그의 체세포 기증자와 비슷했다."

▶ Kim et al. (2017) could summarize their findings as follows:
The world's first cloned dog, Snuppy, had a life-span that was very similar to that of his somatic cell donor. He did not exhibit any notable health problems until the development of cancer, which was also diagnosed in his cell donor at a similar age. Three healthy reclones of Snuppy are alive, and as with Snuppy we do not anticipate that the reclones will go through an accelerated rate of aging or will be more prone to develop diseases than naturally bred animals.
  » 김민정 외 연구자(2017)는 그들의 발견을 다음과 같이 요약하였다.
    세계 최초의 복제견인 스너피는 그의 체세포 기증자와 매우 비슷한 수명을 누렸다. 스너피는 암 진단을 받을 때까지는 특별한 건강상의 문제를 보이지 않았는데, 스너피에게 세포를 기증한 개 역시 비슷한 나이에 암 진단을 받았었다. 스너피로부터 복제된 세 마리의 개는 현재 살아 있는데, 우리는 스너피의 경우와 마찬가지로, 이 복제견들이 자연스럽게 생육된 동물보다 더 빠른 속도로 노화하거나 발병할 가능성이 높으리라 예상하지 않는다.

▶ Kim et al. (2017) said that the world's first cloned dog, Snuppy had a similar life-span that was very similar to that of his somatic cell donor.
  » 김민정 외 연구자(2017)는 세계 최초 복제견인 스너피의 수명이 그의 체세포 기증자와 비슷했다고 말했다.

※ 설명_ 위 세 경우는 내용은 동일하나 첫 번째와 두 번째는 직접 인용에 해당한다. 특히 두 번째는 긴 내용의 원문을 그대로 인용한 것으로 '전문 인용'(block quotation)이라 불린다. 전문 인용의 경우 인용문 전체를 들여쓰기 한다. 세 번째는 간접 인용의 경우이다.

인용의 종류 중에는 다른 논문에서 인용된 내용을 다시 인용한 경우가 있는데, 이를 '재인용'이라 한다. 재인용된 논문의 출처는 괄호를 사용해 밝혀야 한다. 괄호 속에 들어갈 내용은 아래에 예시한 바대로, 'as cited in'이라는 구문을 쓴 뒤 논문 연구자의 이름과 출판연도를 쓴다.

❖ 예문 ❖

▸ Adams et al. (2010) who investigated the median life-span of domestic dogs found Afghan hound had a 11.9 year-median life-span while other dogs had 7-15 year-media life-spans (as cited in Kim et al., 2017).

　》 가정에서 기르는 개의 평균 수명을 조사한 애덤스 외 연구재(2010)는 다른 개들의 평균 수명이 7~15년인 반면 아프간하운드의 평균 수명은 11.9년임을 밝혀냈다. (김민정 외 (2017)에서 재인용)

그러나 재인용을 자주 할 경우에는 연구자가 1차 자료에 대한 검토를 충분히 하지 않은 것으로 보일 여지가 크다. 그러므로 반드시 필요한 경우에만 2차 자료에서 재인용하되 가급적 1차 자료를 직접 확인하는 것이 좋다. 2차 자료가 1차 자료를 부정확하게 인용했을 가능성도 있기 때문이다.

# ■ 부록 ■

A Guide to Writing
Science Papers in English

학술 논문에서 자주 사용되는 중요한 어구와 문장을 제시하고 주의를 필요로 하는 표현과 문법에 대해 설명한다.

# 1. 동사

## 1.1. 능동태와 수동태

동사의 의미를 정확하게 전달하기 위해서 능동태와 수동태 가운데 어느 것을 쓸지 잘 판단해야 한다. 일반적으로 능동태를 쓸 때 논지가 분명하고 표현이 간결해지는 장점이 있다.

❖ 예문 ❖

▸ The slowdown of the desertification **was brought about** by a massive-scale tree planting project.
» 사막화의 둔화는 대규모로 이루어진 식목프로젝트의 결과이다.

▸ A massive-scale tree planting project **resulted in** the slowdown of the desertification.
» 대규모로 이루어진 식목프로젝트가 사막화의 둔화를 가져왔다.

※ 설명_ 수동태로 쓰인 첫 번째 문장은 어색하다. 인과관계가 확실하다면 능동태로 쓰인 두 번째 문장의 구조가 간결하고 의미도 더 분명하게 드러난다.

그런데 결과를 분석하거나 보고할 때에는 능동태보다 수동태를 쓰는 경향이 있다. 특히 어떤 현상이 벌어졌는가가 누가 그 현상을 일으켰느냐는 문제보다 중요할 때에는 주어보다 목적어를 문두에 내세우는 수동태를 쓴다.

| | |
|---|---|
| be developed | » 개발되다 |
| be found | » 발견되다 |
| be obtained | » 확보되다 |
| be proposed | » 제안되다 |
| be shown | » 보이다 |
| be undertaken | » 시도되다 |

❖ 예문 ❖

▶ The simplified relations of the parameters **are obtained** through graphical and mathematical approaches.
　》 매개변수의 단순화된 관계는 도표나 수학적 접근법을 통해 확보된다.

▶ A model testing the strain of bistable laminated-composites **was developed**. As a result, relationships between material properties and stable-shapes of the bistable laminated composite **were obtained**.
　》 쌍안정 적층복합재의 가동모형이 개발되었다. 그 결과, 재료 물성과 적층복합재의 쌍안정형 간의 관계가 확보되었다.

또한, 현상을 유발한 주체를 군이 밝힐 필요가 없거나 밝히고 싶지 않을 때, 즉 행위에 대한 주체자의 책임을 줄이고자 할 때에도 수동태를 쓰는 경향이 있다. 문장의 초점을 주체로부터 현상으로 옮김으로써 논지에 대한 반박의 대상을 모호하게 남겨두고 따라서 반론의 강도도 줄일 수 있다. 다시 말해 수동태는 주체의 책임을 완화하는 효과를 지닌 표현이다.

❖ 예문 ❖

▶ Global warming **causes** a rise in sea levels.
　》 지구 온난화 현상은 해수면 상승을 야기한다.
　※ 설명_ 능동태로 된 이 문장은 지구 온난화 현상을 해수면 상승의 원인으로 단정하는 표현이다.

> ▸ A rise in sea levels **is related to** global warming.
>    » 해수면 상승은 지구 온난화와 관련이 있다.
>
> ▸ **It can be inferred that** global warming causes a rise in sea levels.
>    » 지구 온난화는 해수면 상승을 유발하는 것으로 추정된다.
>
> ▸ **It is accepted that** global warming causes a rise in sea levels.
>    » 지구 온난화가 해수면 상승을 유발하는 것으로 받아들여진다.
>
> ▸ **It may be believed that** global warming causes a rise in sea levels.
>    » 지구 온난화가 해수면 상승을 유발한다고 믿을 수도 있다.
>
> ※ 설명_ 수동태를 쓰면 지구 온난화 현상이 전 세계의 해수면 상승을 유발할 가능성을 인정하면서도 원인과 결과의 관계로 단정하지는 않는다. 그렇지 않을 가능성을 남겨두는 것이다. 위의 네 문장은 원인과 결과의 관계에 대한 확신이 줄어드는 순서대로 정리되어 있다.

## 1.2. 명사보다 간결한 동사

같은 뜻을 가진 명사와 동사가 있을 경우, 명사 또는 명사와 전치사가 결합된 구문보다도 동사를 쓰는 것이 의미의 정확성과 표현의 간결성을 높인다.

| 명사 | | 동사 | |
|---|---|---|---|
| analysis | » 분석 | analyze | » 분석하다 |
| assessment | » 평가 | assess | » 평가하다 |
| comparison | » 비교 | compare | » 비교하다 |
| determination | » 결정 | determine | » 결정하다 |
| discovery | » 발견 | discover | » 발견하다 |
| discussion | » 논의 | discuss | » 논의하다 |
| evaluation | » 평가 | evaluate | » 평가하다 |
| explanation | » 설명 | explain | » 설명하다 |
| failure | » 실패 | fail | » 실패하다 |
| formation | » 형성 | form | » 형성하다 |
| hypothesis | » 가정 | hypothesize | » 가정하다 |
| make a decision | » 결정하다 | decide | » 결정하다 |

| | | | |
|---|---|---|---|
| make a decrease | » 감소시키다 | decrease | » 감소시키다 |
| make an increase | » 증가시키다 | increase | » 증가시키다 |
| measurement | » 측정 | measure | » 측정하다 |
| movement | » 움직임 | move | » 움직이다 |
| reaction | » 반응 | react | » 반응하다 |
| removal | » 제거 | remove | » 제거하다 |

❖ 예문 ❖

▸ Their **suggestion** for us was a thorough **measurement** of the temperature.
　》 그들이 우리에게 제시한 것은 온도의 철저한 측정이었다.

▸ They **suggested** that we **measure** the temperature thoroughly.
　》 그들은 우리에게 온도를 철저히 측정하라고 제시했다.

▸ This change **resulted in a decrease** in temperature.
　》 이 변화가 온도의 저하를 야기했다.

▸ This change **decreased** the temperature.
　》 이 변화가 온도를 저하시켰다.

# 1.3. 기존 연구를 설명하는 동사

　논문에서 선행 연구나 관련 문헌을 소개할 때, 또는 자신의 논지를 강화하기 위해 다른 논문을 인용할 때 자주 쓰는 동사는 다음과 같다.

| | |
|---|---|
| address | » 다루다 |
| analyze | » 분석하다 |
| argue | » 주장하다 |
| claim | » 주장하다 |
| confirm | » 확인하다 |
| delve into | » 천착하다 |
| demonstrate | » 입증하다 |

| | | |
|---|---|---|
| discuss | » | 논의하다 |
| establish | » | 확립하다 |
| examine | » | 검토하다 |
| find | » | 찾아내다 |
| highlight | » | 강조하다 |
| indicate | » | 가리키다 |
| investigate | » | 조사하다 |
| look into | » | 들여다 보다 |
| maintain | » | 주장하다 |
| point out | » | 지적하다 |
| present | » | 제시하다 |
| probe into | » | 천착하다 |
| report | » | 보고하다 |
| reveal | » | 드러내다 |
| scrutinize | » | 꼼꼼히 들여다보다 |
| show | » | 보여주다 |
| support | » | 떠받치다 |

❖ 예문 ❖

▸ One of the previous studies **found** a method to detect malfunctions of vehicle sensors and actuators using the mahalanobis distance and chi square as a threshold.
   » 선행 연구 중 하나는 마하라노비스 거리와 카이 스퀘어를 임계값으로 사용하여 차량 센서와 작동기의 오작동을 감지하는 방법을 찾아냈다.

▸ The previous studies **established** a method to detect malfunctions of vehicle sensors and actuators using the mahalanobis distance and chi square as a threshold.
   » 선행 연구들은 마하라노비스 거리와 카이 스퀘어를 임계값으로 사용하여 차량 센서와 작동기의 오작동을 감지하는 방법을 확립했다.

## 1.4. 기존 연구와의 연관성을 설명하는 동사

실험 결과를 기존 연구와 비교해 유사한 점과 새로 발견한 점을 설명함으로써 논지의 타당성을 높일 수 있다. 이런 경우 다음과 같은 동사를 사용한다.

### 1.4.1. 기존 연구와 동일하거나 유사한 결과가 나온 경우

| | |
|---|---|
| bear out | » 증명하다 |
| bolster | » 강화하다 |
| confirm | » 확인하다 |
| corroborate | » 뒷받침하다 |
| evidence | » 증명하다 |
| prove | » 증명하다 |
| reflect | » 반영하다 |
| reinforce | » 보강하다 |
| strengthen | » 강화하다 |
| support | » 떠받치다 |
| verify | » 확인하다 |

❖ 예문 ❖

▶ This data comparison **confirms** that the proposed driver model imitates human steering behavior well.
   » 이런 데이터 비교를 통해 제시된 운전자모델이 인간의 조향 행동을 잘 모방한다는 점이 확인된다.

※ 설명_ 이 문장에 쓰인 동사 'confirm'은 실험 결과가 기존 연구와 유사하게 나왔으므로 기존 연구의 타당성을 재확인한다는 의미이다.

## 1.4.2. 기존 연구와 다른 결과가 나온 경우

| | |
|---|---|
| alter | » 바꾸다 |
| challenge | » 이의를 제기하다 |
| change | » 바꾸다 |
| contradict | » 반박하다 |
| differ from | » 다르다 |
| go against | » 거스르다 |
| modify | » 수정하다 |
| oppose | » 반대하다 |
| pose a question to | » 의문을 제기하다 |
| raise a question about | » 의문을 제기하다 |
| raise issues about | » 문제를 제기하다 |
| refute | » 부인하다 |
| transform | » 변형시키다 |

❖ 예문 ❖

▶ Our findings **challenge** the current understanding of various environmental factors that contribute to cancer pathogenesis.
    » 우리의 연구 결과는 암 발병에 기여하는 다양한 환경요소에 대해 우리가 현재 알고 있는 바에 대해 이의를 제기한다.

※ 설명_ 위 문장에 쓰인 'challenge'는 기존 연구를 정면으로 반박하기보다는 '이의를 제기한다'는 의미에 가깝다.

## 1.4.3. 논문의 결론과 연구의 함의

논문의 결론 부분에서 실험 결과를 설명하거나 결과가 지닌 함의를 해석할 때, 또는 결론을 단정 짓기보다는 추론 상태로 남겨두고자 할 때에는 다음과 같은 동사를 쓴다.

### 1.4.3.1. 결론을 가리키는 동사

| | |
|---|---|
| conclude | » 결론짓다 |
| indicate | » 가리키다 |
| point to | » 가리키다 |
| suggest | » 제시하다 |

❖ 예문 ❖

▶ The average distance error is 0.1, and the variance of error values is 0.522. The results **indicate** that autonomous driving systems can accurately operate safely.
   » 거리의 평균 오차값은 0.1이고 오차값의 분산은 0.522이다. 이 수치는 자율주행시스템의 안전 작동이 정확하게 이루어질 수 있다는 것을 가리킨다.

### 1.4.3.2. 유추를 의미하는 동사

| | |
|---|---|
| appear to | » …로 보이다 |
| assume | » 추정하다 |
| conjecture | » 추측하다 |
| imply | » 암시하다 |
| infer | » 유추하다 |
| seem to | » …인 듯하다 |
| speculate | » 유추하다 |
| suggest | » 제시하다 |
| surmise | » 추측하다 |
| tend to | » …하는 경향이 있다 |

❖ 예문 ❖

▶ It **is inferred** that morphological changes in plants are generated by the different swelling gradients in their root structures.
   » 식물의 형태 변화는 식물의 뿌리 구조에서 팽창기울기가 다르기 때문에 일어나는 것으로 유추된다.

## 1.5. 조동사의 활용

연구 결과의 함의에 대해 단정적인 결론은 피하면서도 서술의 객관성을 유지하고자 할 때 조동사를 적절히 사용하는 것도 효과적인 방법이다.

### 1.5.1. 능력이나 가능성을 나타내는 조동사

| | |
|---|---|
| can | » 할 수 있다 |
| may | » 할 가능성이 있다 |
| might | » 할 가능성이 있다 |
| could | » 할 가능성이 있다 |

❖ 예문 ❖

▶ This virus **is transmitted** through physical contact with an infectious person.
　» 이 바이러스는 전염된 사람과의 신체 접촉을 통해 옮긴다.

▶ This virus **can be transmitted** through physical contact with an infectious person.
　» 이 바이러스는 전염된 사람과의 신체 접촉을 통해 전염될 수 있다.

▶ This virus **may be transmitted** through physical contact with an infectious person.
　» 이 바이러스는 전염된 사람과의 신체 접촉을 통해 전염될 가능성이 있다.

※ 설명_ 위의 세 문장을 비교해보면, 조동사를 쓰지 않은 첫 번째 문장보다 'can'과 'may'를 쓴 두 번째와 세 번째 문장이 결론에 대해 더 조심스러운 태도를 드러낸다.

### 1.5.2. 당위성이나 강한 추측을 나타내는 조동사

| | |
|---|---|
| must | » 해야만 하다 |
| ought to | » 해야만 하다 |
| have to | » 해야만 하다 |
| should | » 해야만 하다 |
| need to | » 할 필요가 있다 |

### 1.5.3. 아쉬움을 나타내는 조동사

조동사 다음에 'have'와 과거분사를 붙이면 과거에 일어난 일에 대해 아쉬움, 추측, 확신을 암시한다.

| | |
|---|---|
| should have | » 했어야만 했는데 하지 않았다 |
| could have | » 할 수 있었는데 하지 않았다<br>» 했을 가능성이 있다 |
| must have | » 했음이 틀림없다 |

❖ 예문 ❖

▶ They **should have** protected the patients before the virus was allowed to spread.
  » 그 바이러스가 퍼지기 전에 환자를 보호했어야만 했다.
  (그런데 하지 않았다는 아쉬움)

▶ They **could have** protected the patients before the virus had been contracted.
  » 그 바이러스에 감염되기 전에 환자들을 보호할 수도 있었다.
  (그런데 보호하지 않았다는 아쉬움)

▶ They **could have** protected the patients before the virus spread.
  » 이 바이러스가 퍼지기 전에 환자들을 보호했을 가능성이 있다.
  (보호했으리라는 추측)

▶ They **must have** protected the patients before the virus could be transmitted.
  » 그 바이러스가 퍼지기 전에 환자들을 보호한 게 틀림없다.
  (보호했으리라는 확신)

※ 설명_ 두 번째, 세 번째 문장에 쓰인 'could have'는 두 가지의 해석이 가능하다. 한 가지는 현재 상황을 보건대 과거에 다른 행동이 취해졌더라면 하는 아쉬움이나 후회를 드러낸다. 또 한 가지는 현재 상황을 보건대 과거에 벌어졌을 상황을 추측하는 것이다. 사건이 벌어진 맥락에 따라서 'could have'의 뜻이 달라진다.

# 2. 부사

논문을 쓸 때 부사를 잘 활용하면 여러모로 편리하다. 부사는 문장에서의 위치가 상대적으로 자유롭기 때문에 미묘한 의미를 전달할 때 도움이 된다.

## 2.1. 빈도와 정도를 가리키는 부사구

문장에서 어떤 현상이나 실험 결과의 빈도 또는 정도를 가리키는 부사를 활용하면 내용의 정확성이 높아지고 연구의 신뢰도도 높아진다. 빈도와 정도를 구체적으로 제시함으로써 이전에 행해진 유사한 연구와 비교도 가능해진다.

### 2.1.1. 빈도를 나타내는 부사

| | |
|---|---|
| always | » 항상 |
| generally | » 일반적으로 |
| usually | » 보통 |
| frequently | » 자주 |
| often | » 종종 |
| sometimes | » 때때로 |
| occasionally | » 가끔 |
| rarely | » 드물게 |
| scarcely | » 드물게 |
| almost never | » 거의 …않는 |
| never | » 결코 |

❖ 예문 ❖

▸ Over the years, MAPbX3-based thin film solar cell has become as efficient as a silicon-based one. However, its long-term stability has **almost never** improved.

  » 수년 동안 MAPbX3 박막 태양전지는 실리콘 박막 태양전지만큼 효율성이 높아졌다. 그러나 장기적 안정성은 거의 향상되지 않았다.

## 2.1.2. 정도를 나타내는 부사

| | |
|---|---|
| considerably | » 상당히 |
| significantly | » 대단히 |
| mostly | » 대부분 |
| reasonably | » 적절하게 |
| relatively | » 상대적으로 |
| somewhat | » 어느 정도 |
| approximately | » 대략 |
| nearly | » 거의 |
| slightly | » 약간 |
| only | » 겨우 |

❖ 예문 ❖

▶ Results show that the angle of a spoiler **<u>significantly</u>** affects the aerodynamic performance of the car.
  » 실험 결과는 스포일러 각도가 자동차의 공력성능에 대단히 영향을 미친다는 것을 보여준다.

※ 설명_ 이 문장에 쓰인 'significantly'라는 부사는 '대단히'라는 뜻인데, 형용사형인 'significant'가 통계 결과와 연결되어 'statistically significant'로 쓰일 때에는 '통계적으로 유의미한'이라는 뜻을 지닌다.

## 2.2. 부사구를 활용한 문단의 논리적 전개

문단은 여러 개의 문장으로 구성된다. 문단이 논리적으로 전개되려면 각 문장이 벽돌을 쌓듯 유기적으로 연결되어야 한다. 문단의 견고한 내적 논리를 구축하는 데 아래와 같은 부사구를 활용하면 도움이 된다.

부사구 가운데 문두에 사용되는 것들이 있다. 영어로는 'transition signal'이라고 부르기도 한다. 부사구 바로 뒤에 쉼표를 찍어 표시한다. 문두에 부사구를 쓰면 앞 문장의 논리적 전개가 용이하고 뒤에 오는 문장의 내용을 짐작하게 해주기도 하므로, 한국인들이 즐겨 사용하는 경향이 있다. 이런 부사구는 순서, 긍정, 부정, 부연 설명, 강조, 추측, 예시, 원인, 결과, 결론 등으로 그 종류를 나눌 수 있다. 이 가운데 흔히 사용되는 어구를 아래에 제시한다.

### 2.2.1. 순서를 나타내는 부사구

| | |
|---|---|
| first | » 첫째로 |
| to begin with | » 첫째로 |
| second | » 둘째로 |
| third | » 셋째로 |
| next | » 다음으로 |
| then | » 그리고 나서, 그러면 |
| after that | » 그다음에 |
| at this point | » 이 시점에서, 여기서 |
| in the meantime | » 한편 |
| presently | » 현재는 |
| currently | » 현재는 |
| now | » 지금 |
| finally | » 마지막으로 |
| last | » 마지막으로 |
| later | » 이후에 |
| lately | » 최근에 |
| recently | » 최근에 |

### 2.2.2. 긍정을 나타내는 부사구

| | |
|---|---|
| also | » 또한 |
| besides | » 게다가 |
| furthermore | » 뿐만 아니라 |
| moreover | » 게다가 |
| in addition | » 더해서, 더욱이 |
| likewise | » 마찬가지로 |
| similarly | » 비슷하게 |

### 2.2.3. 부정을 나타내는 부사구

| | |
|---|---|
| conversely | » 반대로 |
| however | » 그러나 |
| instead | » 대신에 |
| nevertheless | » 그럼에도 불구하고 |
| nonetheless | » 그럼에도 불구하고 |
| on the contrary | » 반대로, 오히려 |
| on the other hand | » 반면에 |
| otherwise | » 그렇지 않으면 |
| rather | » 차라리 |

### 2.2.4. 부연 설명을 나타내는 부사구

| | |
|---|---|
| according to | » …에 따르면 |
| considering this | » 이를 고려할 때 |
| from this perspective | » 이 관점에서 볼 때 |
| given this | » 이를 두고 볼 때 |
| here | » 여기서 |
| in light of this | » 이것에 비추어볼 때 |

| | |
|---|---|
| in my view | » 내 견해로는 |
| in other words | » 다시 말해서 |
| in particular | » 구체적으로, 특별히 |
| that is | » 즉 |
| to be specific | » 구체적으로 |

## 2.2.5. 강조를 나타내는 부사구

| | |
|---|---|
| importantly | » 중요한 것은 |
| first of all | » 첫 번째로 |
| above all | » 무엇보다도 |
| indeed | » 과연, 정말로 |
| as a matter of fact | » 사실은 |
| in fact | » 사실은 |

## 2.2.6. 예시를 나타내는 부사구

| | |
|---|---|
| as an example | » 한 예로 |
| for example | » 예를 들어 |
| for instance | » 예를 들어 |

## 2.2.7. 원인을 나타내는 부사구

| | |
|---|---|
| because of | » …때문에 |
| due to | » …때문에 |
| for this reason | » 이러한 이유로 |

# 3. 전치사

전치사는 한국어의 조사에 해당하는데 한국인들이 영어로 글을 쓸 때 실수하기 쉬운 단어이다. 아래에 과학논문에 자주 쓰이는 전치사를 제시한다.

| | |
|---|---|
| identical to | » ···와 동일한 |
| same as | » ···와 같은 |
| parallel to | » ···와 일치하는 |
| comparable with | » ···와 비교할 만한 |
| similar to | » ···와 비슷한 |
| in line with | » ···와 일치하는 |
| consistent with | » ···와 일치하는 |
| different from | » ···와 다른 |
| in contrast to | » ···와 대조적으로 |
| contrasted with | » ···와 대조되는 |
| opposed to | » ···와 반대되는 |

❖ 예문 ❖

▸ The result was **consistent with** the negative relationship between the use of lithium batteries and energy efficiency.
  » 그 결과는 리튬배터리 사용과 에너지 효율성의 부정적인 관계와 일치한다.

▸ **In contrast to** the rapidly growing interest in electric vehicles, the number of electric car charging stations is growing slowly.
  » 전기자동차에 대한 관심이 급속히 높아지고 있는 것과는 대조적으로, 전기자동차 충전소의 증가 속도는 느리다.

## 3.1. 주의해야 할 전치사

사소해 보이는 전치사 하나가 문장의 의미에 큰 차이를 가져오는 경우가 있다. 따라서 비슷한 동사구문이라도 어떤 전치사가 쓰이는지 세심한 주의를 기울여야 한다. 미묘한 차이를 가져오는 대표적인 구문은 다음과 같다.

| | |
|---|---|
| be compared to | » …에 비유되다 |
| be compared with | » …와 비교되다 |
| be concerned with | » …에 대한 것이다 |
| be concerned about | » …이 염려되다 |
| consist of | » …으로 구성되다 |
| consist in | » …에 있다 |
| correspond with | » …와 교신하다 |
| correspond to | » …에 상응하다 |

❖ 예문 ❖

▸ His rigid behavioral pattern **was compared to** that of a robot.
  » 그의 경직된 행동 패턴은 로봇에 비유되었다.

▸ The results of this experiment **were compared with** those of the previous one.
  » 이 실험의 결과를 이전 실험과 비교해 보았다.

▸ His test **was concerned with** mouse brains.
  » 그의 실험은 쥐의 뇌에 대한 것이었다.

▸ He **was concerned about** his test on the mouse brains.
  » 그는 쥐의 뇌에 대한 자신의 실험이 염려되었다.

▸ A cell **consists of** three parts: the cell membrane, the nucleus, and the cytoplasm.
  » 세포는 세포막, 세포핵, 그리고 세포질의 세 부분으로 구성되어 있다.

▸ The secret of longevity **consists in** a well-balanced diet.
  » 장수의 비결은 균형 잡힌 식사에 있다.

▸ Our team frequently **corresponds with** Professor Kim about the details of our experiment.
  » 우리 팀은 실험의 세부적인 내용에 대해 김 교수와 자주 교신하고 있다.

▸ The discovery of the new planet **corresponds to** the Copernican Revolution.
  » 그 새로운 행성의 발견은 코페르니쿠스의 전환에 상응한다.

# 4. 군더더기 표현

논문에서는 강조하는 표현을 남용하지 않도록 조심해야 한다. 의도가 희석될 수 있다. 학술논문의 문체는 구어체와 달라서 강조어가 반복되거나 정도가 지나치면 논지의 객관성을 의심받거나 논문의 품위를 떨어뜨리는 역효과를 낳을 수 있다. 따라서 꼭 필요한 경우가 아니라면 필자의 주관적 감정을 드러내는 단어는 남용하지 말아야 한다. 강조는 드물게 해야 시선을 끌 수 있다. 강조를 위해 흔히 사용하는 정도를 나타내는 부사 가운데 주의해야 할 단어를 제시한다.

| | |
|---|---|
| absolutely | » 절대로 |
| certainly | » 확실히 |
| completely | » 완전히 |
| perfectly | » 완벽히 |
| really | » 정말로 |
| apparently | » 분명히 |
| clearly | » 분명히 |
| obviously | » 분명히 |
| much | » 상당히 |
| quite | » 꽤 |
| very | » 아주 |
| actually | » 실제로 |
| practically | » 현실적으로 |
| virtually | » 실질적으로 |
| basically | » 기본적으로 |
| essentially | » 근본적으로 |

❖ 예문 ❖

▸ Artificial intelligence (AI) labs equipped with advanced machines like Professor Smith's are **quite rare** in our industrial complex.
  » 우리 산업단지에는 스미스 교수의 실험실처럼 첨단기계를 갖춘 인공지능 실험실이 매우 드물다.

▸ Artificial intelligence (AI) labs equipped with advanced machines like Professor Smith's are **rare** in our industrial complex.
  » 우리 산업단지에는 스미스 교수의 실험실처럼 그렇게 첨단기계를 갖춘 인공지능 실험실이 드물다.

※ 설명_ 위의 문장에서 'quite'는 논문 저자의 감정적 인플레이션만 드러낼 뿐이므로 굳이 쓰지 않아도 문장의 의미가 크게 달라지지 않는다.

---

▸ The above chart **clearly shows** that the standing water evaporated immediately.
  » 위 도표는 고인 물이 즉시 증발했다는 것을 분명히 보여준다.

▸ The above chart **shows** that the standing water evaporated immediately.
  » 위 도표는 고인 물이 즉시 증발했다는 것을 보여준다.

※ 설명_ 도표가 증거를 분명하게 보여주므로 굳이 'clearly'를 쓸 필요가 없다. 논문에서는 'clearly'와 'obviously'가 매우 강한 어조를 드러내는 단어이므로 꼭 필요한 경우에만 사용하도록 한다.

# 5. 간단명료한 표현

가능하면 복잡한 표현보다는 간단하고 명료한 표현이 문장의 간결성을 높인다. 의미에 큰 차이가 없다면 여러 단어로 이루어진 어구는 한 단어로 줄여 쓰는 것이 좋다.

| 복잡한 표현 | | | 간결한 표현 | |
|---|---|---|---|---|
| as a consequence of | » …의 결과로서 | → | because | » …때문에 |
| a considerable number of | » 상당수의 | → | many | » 많은 |
| a considerable amount of | » 상당량의 | → | much | » 많은 |
| a majority of | » 다수의 | → | most | » 대부분의 |
| despite the fact that | » …에도 불구하고 | → | although | » …에도 불구하고 |
| due to the fact that | » …라는 사실로 인해 | → | due to | » …때문에 |
| for the purpose of | » …의 목적으로 | → | to | » …하기 위해서 |
| in the absence of | » …이 부재할 경우에 | → | without | » …없이 |
| in the event that | » …이 발생할 경우에는 | → | if | » 만약 …한다면 |

❖ 예문 ❖

▸ **A considerable number of** parasites were found in the river that serves as the main source of drinking water in the city.
  » 그 도시의 주요 식수원에서 상당수의 기생충이 발견되었다.

▸ **Many** parasites were found in the river that serves as the main source of drinking water in the city.
  » 그 도시의 주요 식수원에서 많은 기생충이 발견되었다.

▸ The amount of carbon dioxide in the room increased rapidly **due to the fact that** the coal was wet.
  » 석탄이 젖어있었기 때문에 실내의 이산화탄소량이 급증했다.

▸ The amount of carbon dioxide in the room increased rapidly **due to** the wet coal.
  » 젖은 석탄으로 인해 실내의 이산화탄소량이 급증했다.

▸ The experiment was conducted **for the purpose of** improving the quality of the airplane engine.
  » 비행기엔진의 질을 향상시키기 위해서 그 실험을 했다.

▸ The experiment was conducted **to** improve the quality of the airplane engine.
  » 비행기엔진의 질을 향상시키기 위해서 그 실험을 했다.

# 6. 부정 표현 피하기

문장의 의미가 달라지지 않는 한, 부정적인 표현보다는 긍정적인 표현을 선택하는 것이 좋다. 부정어 'not'으로 인해 문장이 길어지고 의미 파악에 혼돈이 생길 수 있기 때문이다. 강조를 목적으로 이중부정을 시도할 경우 불필요하게 문장구조를 뒤트는 결과를 낳기도 한다.

| 부정 표현 | | 긍정 표현 | |
|---|---|---|---|
| not bad | » 나쁘지 않은 | fine | » 괜찮은 |
| not different | » 다르지 않은 | similar | » 비슷한 |
| | | same | » 같은 |
| not many | » 많지 않은 | a few | » 몇 개의 |
| not the same | » 같지 않은 | different | » 다른 |
| not uncommon | » 흔하지 않은 | common | » 흔한 |
| not unequal | » 불평등하지 않은 | equal | » 평등한 |

❖ 예문 ❖

▸ For certain words, American spellings are **not the same** as British ones.
　» 어떤 단어의 경우 미국영어의 철자와 영국영어의 철자가 같지 않다.

▸ For certain words, American spellings are **different** from British ones.
　» 어떤 단어의 경우 미국영어의 철자와 영국영어의 철자가 다르다.

▸ Such a phenomenon was **not uncommon**.
　» 그런 현상이 흔하지 않은 게 아니었다.

▸ Such a phenomenon was **common**.
　» 그런 현상은 흔했다.

# 7. 적절치 않은 표현

학술논문에서는 구어체의 사용을 최소화한다.

| | 구어체 | | | 문어체 |
|---|---|---|---|---|
| **명사** | guy | » 사람 | → | person, one |
| | people | » 사람들 | → | individuals, persons, ones |
| | thing, stuff | » 어떤 것 | → | (구체적인 명사나 대명사) |
| **형용사** | a couple of | » 한두 개의 | → | a few, several, two or three |
| | a lot of | » 많은 | → | many, numerous, various, countless, a number of, a myriad of, myriads of |
| **동사** | go down | » 감소하다 | → | decrease |
| | go up | » 증가하다 | → | rise, increase |
| | happen | » 발생하다 | → | occur, take place |

학술논문에서 다음과 같은 줄임말을 쓰는 것은 적절하지 않다. 특히 동사의 경우, 문맥을 잘 파악하여 구어체인지 확인한다.

| | 줄임말 | | | 문어체 |
|---|---|---|---|---|
| **동사** | don't | » …않는 | → | do not |
| | doesn't | » …않는 | → | does not |
| | aren't | » …않는 | → | are not |
| | isn't | » …않는 | → | is not |
| | can't | » …할 수 없는 | → | cannot |
| | gonna | » …할 | → | going to |
| | haven't | » …하지 않은 | → | have not |
| | hasn't | » …하지 않은 | → | has not |
| | you'd | » …하는 게 나은 | → | you would |
| | won't | » …하지 않을 | → | will not |
| **명사** | intro | » 서론 | → | introduction |
| | prep | » 준비 | → | preparation |

# 8. 인용 및 바꾸어 쓰기에 유용한 어구

바꾸어 쓰기란 원문의 내용을 자신의 말로 다시 쓰는 것이다. 즉, 원문의 문장 구조, 단어 및 문구를 저자의 표현방식으로 대체하는 것이다. 바꾸어 쓰기를 할 목적으로 원문에서 단어 한두 개만을 대체하는 것은 표절이 되므로 조심해야 한다. 원문의 주요 용어나 문구를 그대로 가져다 쓸 경우 반드시 인용부호와 함께 출처를 밝혀야 한다. 바꾸어 쓰기에서 출처를 밝히는 데 유용한 표현을 제시한다. 주로 'reporting verb'라고 불리는 동사와 몇몇 부사구가 이에 해당한다.

| | |
|---|---|
| concluded | » 결론지었다 |
| found | » 발견했다 |
| maintained | » 주장했다 |
| proved | » 증명했다 |
| reported | » 보고했다 |
| showed | » 보여주었다 |
| suggested | » 시사했다 |
| told | » 말했다 |
| wrote | » 기술했다 |
| argue | » 주장하다 |
| assert | » 주장하다 |
| claim | » 주장하다 |
| declare | » 선언하다 |
| insist | » 주장하다 |
| mention | » 언급하다 |
| say | » 말하다 |
| state | » 말하다 |
| according to | » …에 따르면 |
| based on | » …을 근거로 해 |

- Kim et al. (2017) **found** that the world's first cloned dog had a similar life-span to that of his somatic cell donor.
  » 김민정 외 연구자(2017)는 세계 최초 복제견 스너피의 수명이 그의 체세포 기증자와 비슷하다는 것을 발견했다.

- Kim et al. (2017) **state** that the world's first cloned dog had a similar life-span to that of his somatic cell donor.
  » 김민정 외 연구자(2017)는 세계 최초의 복제견 스너피의 수명이 그의 체세포 기증자와 비슷했다고 말한다.

- **According to** Kim et al. (2017), the world's first cloned dog had a similar life-span to that of his somatic cell donor.
  » 김민정 외 연구자(2017)에 따르면 세계 최초의 복제견인 스너피의 수명은 그의 체세포 기증자와 비슷했다.

# 지은이

●

## 안수진

–

서울시립대학교 교양영어실 강의전담 객원교수. 서울대학교 영어교육과에서 학사·석사 학위, 미국 조지아대학교 언어교육과에서 박사학위를 받았다. 영어작문교육, 언어학습자 와 교사 정체성, 비판적 담화 분석, 비판적 연극활용교육에 관심을 가지고 연구하고 있다. 미국 조지아대학교 비교문학과와 노스조지아대학교 미연방언어아카데미에서 한국어를 가르쳤다. 현재 서울시립대학교에서 대학영어 과목을 담당하며 학생들에게 영어작문을 가르치고 있다.

## 이향순

–

미국 조지아대학교 비교문학과 교수. 서울대 영어교육과 졸업 후, 미국 노스이스턴대학 에서 영문학 석사, 펜실베니아주립대학에서 영문학 박사 학위를 받았다. 전공인 아일랜 드 근대문학 외에 서사이론, 불교영화, 한국 비구니사, 서양문학에 나타난 불교담론 등을 주로 연구한다. 저서로는 2008년 학술원 우수학술도서로 선정된 『비구니와 한국 문학』 외에 구한 말 제임스 스콧 게일이 영역한 『팔상록(八相錄)』 연구서인 『붓다의 생애』 등 이 있다. 아동문학 번역에도 관심이 많아 18권의 그림도서를 출판했다.

영어 과학논문 작성 길잡이

ⓒ 안수진·이향순, 2019

지은이 ｜ 안수진·이향순
펴낸이 ｜ 김종수
펴낸곳 ｜ 한울엠플러스(주)

초판 1쇄 인쇄 ｜ 2019년 12월 25일
초판 1쇄 발행 ｜ 2019년 12월 30일

주소 ｜ 10881 경기도 파주시 광인사길 153 한울시소빌딩 3층
전화 ｜ 031-955-0655
팩스 ｜ 031-955-0656
홈페이지 ｜ www.hanulmplus.kr
등록번호 ｜ 제406-2015-000143호

Printed in Korea.

ISBN 978-89-460-7199-5 03740

※ 책값은 겉표지에 표시되어 있습니다.